中国古瓷鉴定笔记

彩釉篇

CAIYOUPIAN

姚江波／著

江西美术出版社
全国百佳出版单位

广西高校人文社会科学重点研究基地——西江流域民间文献研究中心资助项目

图书在版编目（CIP）数据

中国古瓷鉴定笔记·彩釉篇 / 姚江波著. —南昌：江西美术出版社，2019.1
ISBN 978-7-5480-6385-8

Ⅰ. ①中… Ⅱ. ①姚… Ⅲ. ①瓷器(考古)—鉴定—中国 Ⅳ. ①K876.34

中国版本图书馆CIP数据核字(2018)第225938号

出 品 人：周建森
责任编辑：王洪波　窦明月　滕斯钰
责任印制：谭　勋
装帧设计：梅家强　胡文欣　先鋒設計 PIONEER DESIGN

书　　名：中国古瓷鉴定笔记·彩釉篇
著　　者：姚江波
出　　版：江西美术出版社
社　　址：南昌市子安路66号　邮编：330025
电　　话：0791-86565819
网　　址：www.jxfinearts.com
经　　销：新华书店
印　　刷：浙江海虹彩色印务有限公司
版　　次：2019年1月第1版
印　　次：2019年1月第1次印刷
开　　本：787×1092　1/16
印　　张：12.5
书　　号：ISBN 978-7-5480-6385-8
定　　价：68.00元

目录
Contents

本书使用方法

本书以直述鉴定要点为主，文字简练，兼顾学术性、常识性、趣味性，过于专业、不可操作、与收藏者无关的内容已回避，读熟之后，可与您收藏的彩釉瓷器进行对比：如，对应珍珠地在色彩上的异同，以及划花的装饰手法，看您的宝贝是否属于精致瓷器的范畴；观察纹饰的题材，以准确判定时代。对比彩釉瓷器的造型，着重看各个章节中有关彩釉器皿在造型上的实例，其造型多被限定在一定的范围之内，如瓶和枕等多见，之后再从细部入手，如对口部、唇部、沿部、腹部、底部、足部等特征，进行详细的解析，以从造型上达到鉴赏的目的。像这样的例子在本书中枚不胜举，纹饰、釉色、尺寸、化妆土、完残、窑口、原料、淘洗、粗细程度、杂质、夹砂胎等鉴定要点，交相辉映，互为依托，最终实现了诸多鉴定要点相互验证的目的。

另外本书具有以下三个特点：

一、本书的编写原则是：具体而细微地指导收藏爱好者由一件瓷器的细部（釉色、流釉、均匀、稀稠等）去鉴别古瓷器之真假、评估古瓷器之价值，力求做到使藏友读后由外行变成内行。

强调：实战性　指导性　工具性　学术性

体现：实用价值

二、本书从文物鉴定的角度出发，以科学考古发掘所出土的器物为依据，力求每一句话都以出土器物为佐证，将文物置于时代和社会历史大背景下来考虑，以确保本书的科学性、严谨性和可读性。

三、本书的写法分三步走：

①断定时代

②辨别真伪

③评判价值

这是收藏的三要素，缺一不可，整本书以此为线索，贯穿于每个章节，如，将价值划分为研究价值、艺术价值、经济价值，并详细介绍这三种价值之间的辨证关系，使读者真正领悟收藏，从收藏中受益。

本书的主要目的，是要通过瓷器釉质主要特征看到瓷器的全貌，从而使收藏者真正得到帮助。功能十分具体，收藏者在逛市场和到拍卖行时可以拿此书对比，这是新手和资深鉴赏家都很需要购买的书。（书中多数珍品为首次发表）

前言

QIANYAN

彩釉瓷器是一个宏大的概念，理论上可以将所有单色釉之外的瓷器都容纳在内，从长沙窑的点彩、红绿彩、唐三彩到明清时期粉彩、五彩、斗彩、珐琅彩等等，可谓是枚不胜举，星光璀璨，彩釉瓷器的发明同样是中国人的一大创举，使人们单调的生活变得色彩斑斓，为人们的生活增加了情趣。

本书以笔记体的形式试图拨开历史层层迷雾，力求通过以点带面的方式来揭开彩釉瓷器的迷雾，以珍珠地划花瓷和绞胎与三彩的比较为切入点，试图较为客观地剖析彩釉瓷的前世今生。珍珠地划花瓷是中国古代瓷器达到鼎盛时期的一朵奇葩，缘起于晚唐密县窑，盛行宋代，延续至金元。主要模仿唐代流行的金银器錾花工艺，其目的显然是为了达到金银等贵金属器皿的艺术效果，只不过是将这种效果用瓷器来表现，在化妆土上用戳印工具打圆圈为地，烧成后犹如珍珠似的美妙，给人的感觉是一种奇幻般的体验；这是一种民间窑场风格的视觉盛宴，观者繁复，雍容华贵，美不胜收。戳印纹极大地降低了纹饰所需要的成本，在宋金及元代“通销天下”，元代之后珍珠地划花瓷器逐渐衰落，被青花瓷等排挤出主流市场。

绞胎瓷器是将不同色彩的瓷土搅合在一起，通过胎体的搅动形成幻化般的纹理，搅动方向的不同形成不同的相间效果，如，鸟纹、曲折纹、菱花纹、流水纹、流云纹、花朵等，纹理变幻末测，犹如行云流水。在唐代流行于上流社会，产量不大，以河南巩县窑烧造为最好，其他窑场也有少量生产，不仅有瓷胎的绞胎瓷器，而且也有陶胎。绞胎瓷器不仅显示了盛唐时期高度发达的制瓷工艺，同时也反应了大唐盛世文化的繁荣，生于唐，鼎盛于唐，北宋之后逐渐衰落。唐三彩是盛唐社会人们在满足了物质生活之后的精神享受，是以黄、绿、白为主的铅釉陶器，三彩釉只是一个总称，并不是说三彩釉只有三种颜色。唐三彩创烧成功于唐代高宗时期，盛行于开元、天宝年间，天宝后期开始衰落，为盛唐时期物质文化极度繁荣的象征。烧造唐三彩的窑场同样为著名的巩县窑。盛唐三彩衰落之后，出现了一种实用的三彩，这些三彩器烧造温度比较高，不能用简单的陶器概念解释，而是十分类似瓷器，或者说介于陶器和瓷器之间，特点是使用高岭土烧造，温度又特别高，实则已经是一种瓷制品。

总的来看，珍珠地划花和绞胎、三彩在工艺上进行了诸多的革新，且都是由名窑烧造，显示了中国古代极高的制瓷工艺水平，盛世气象被表现得淋漓尽致，影响十分深远，被历代收藏者所追逐；但自上世纪80年代之后，由于收藏热的兴起，在暴利的驱使下，伪器大量出现，一时间鱼龙混杂，真伪难辩，以至于劣币驱赶了良币，市场上伪器的数量远大于真品。本书从文物鉴定的角度入手，力求将错综复杂的问题简单化，直述鉴定要点，目的是能够通俗易懂，使读者看后能够断时代、辨真伪、评价值。当然，以上笔记不足以涵盖整个彩釉瓷器，但研究笔记，日日更新，相信通过笔记的不断出版，终将能精卫填海，满足读者的需要。以上是本书所要坚持的，但一种信念再强烈，也不免会有缺陷，希望不妥之处，大家给予无私的批评和帮助。

上篇

珍珠地划花瓷

第一章 综述

数量

珍珠地划花瓷器是人们日常生活中的日用瓷(图1-1)，墓葬和遗址内时常有见，从件数特征上看，墓葬出土多以1到2件为多，再多的情况很少见，窑址和城址出土数量众多，窑址出土数量多一些，上百成千件的情况有见，城址应该是珍珠地划花瓷器出土较为集中的地方，但实际情况并不是想象中的到处都可以见到散落的珍珠地划花瓷器，多以出土数十件为多见，比青、白、钧釉等瓷器的出土数量要少得多。由此可见，珍珠地划花瓷器在总量上有一定的量，但并非规模巨大。在时代上珍珠地划花瓷器具有鲜明的时代特征，以宋代最为鼎盛（图1-2），金元延续烧造，但在数量上呈现出递减的趋势。

▲图 1-1　缠枝花卉珍珠地划花瓷枕　宋代

▲图 1-2　珍珠地划花瓷器　金代

品相

珍珠地划花瓷器距离我们今天已经十分久远，再加之是民间窑场所烧造，在品相上表现出参差不齐的特征，今天我们所看到的珍珠地划花瓷器既有精绝之器，更有普通的器皿，不过粗糙器皿比较少见，这是由珍珠地划花瓷器民窑性质所决定。珍珠地划花瓷器在品相上的特征大致可以划分为三种情况，一是品相比较好，完好无损，精美绝伦，犹如刚刚从窑炉之中出来一样（图 1-3）；二是有略微的磕碰痕迹，多是一些磕伤和摩擦痕迹，昭示着其在现实社会当中是人们经常使用的器皿，所以才会留下这些痕迹，这类器物的品相显然比第一种略逊；三是支离破碎和残缺的珍珠地划花瓷器，主要分为两种情况，一是虽然支离破碎，但珍珠地划花瓷器没有缺损，可以将这些支离破碎的残器复原。另外一种情况是无法复原，甚至有的只剩下一个手掌心大的碎片，但无论哪一种情况珍珠地划花瓷器在品相上都是较差。从数量上看，以上珍珠地划花瓷三种情况，第一种在数量上很少，多只是在未经过扰乱和保存完好的墓葬当中出现，以及窖藏、地宫中有见，遗址很少见品相极佳者；第二种情况数量明显增多，有一定的量，可以说时常有见，主要以墓葬出土为多，遗

▲图 1-3　花卉珍珠地“福德”瓷枕　宋代

▲图 1-4　遗址出土花卉纹珍珠地划花瓷器　宋代

址中仍然很少见；第三种情况在数量上规模巨大，是珍珠地划花瓷器的主流，从出土地点上看主要出土于遗址之中（图 1-4），当然墓葬也有出土。综上所述，珍珠地划花瓷器在品相上总体情况不是很乐观，特别是从量上看品相佳的珍珠地划花瓷器有见，但数量很少。不过这也使得今天完好无损、精美绝伦的珍珠地划花瓷器在收藏市场上异军突起，人们以能够收藏到品相好的珍珠地划花瓷器而感到欣慰。但由于珍珠地划花的品相佳者太少，人们的收藏情况似乎意犹未尽，近年来古玩界“瓷器发毛分文不值”的说法不断受到冲击，当然，这一点也在情理之中，因为珍珠地划花瓷器是当时人们生活当中的日用品，一是民窑生产；二是有很多器皿在当时都使用过，磕碰和微有残缺的情况太普遍了，所以传统的品相观也随着这种情况而有所降低，即使有残缺的珍珠地划花瓷器依然被人们乐于收藏。从精致程度上看，珍珠地划花瓷器在品相上以精致和普通瓷器为主，粗糙瓷器少见。从时代上看，珍珠地划花瓷器精品以宋代为最，金代次之，元代粗犷，可见在品相上珍珠地划花瓷器主要应该以宋代为显著特征。

胎色

珍珠地划花瓷器在胎色上十分复杂,各种胎色都有见,如橙色胎、灰黄、灰白胎、褐胎、土黄胎、橙黄胎、砖红、灰褐、青灰胎等（图 1-5），可见种类还是比较丰富,但从数量上看珍珠地划花瓷器在胎色上差异性比较大，如橙色胎的数量就比较多，而灰白胎的数量就比较少，青灰胎的数量也不是很多，橙色胎、灰黄胎、红胎、土黄、砖红等胎色在数量都比较多，而且在比例上呈现出较为均衡性，并没有发现过于规律性的特征，看来珍珠地划花瓷器在胎色上主要以橙红色为主流色调。但从众多的器物来看，似乎橙色胎体精致者较多。从色彩纯正程度上看，色彩的纯正程度与珍珠地划花瓷器的精致程度有密切关联，通常情况下色彩纯度高的精致程度也比

▲图 1-5　橙黄胎珍珠地划花标本　宋代

▲图 1-6　色彩较为纯正灰褐胎珍珠地划花瓷器　宋代

较好，而反之则亦然。从窑口上看，珍珠地划花瓷器在胎色上并没有过于复杂的表现，各个窑场烧造在胎色特征上基本相似。从时代上看，不同时代珍珠地划花瓷器在胎色上特征基本相似，但总的趋势是纯正的色彩依次减少，如宋代最好（图 1-6），而元代则次。总的来看，珍珠地划花瓷器在胎色上表现出了一定的规律性特征，而这些胎色上的特征，在客观上显然已经成为重要的鉴定依据，可以用来判定珍珠地划花瓷器的真伪、时代、以及价值。本书将专门用一个小节来对珍珠地划花瓷器胎色特征进行阐述。

釉色

珍珠地划花瓷器在釉色上十分复杂，其釉色绝不是像其定义那样简单地罩上一层透明釉而已，而是釉色十分复杂，如常见的白釉色彩就有纯白、灰白、鸡骨白、乳白、象牙白、白釉泛黄、黄白釉等（图 1-7），当然这些都是一些基本色彩，由此可见，珍珠地划花瓷器在釉色上主要以白釉为显著特征，其它诸多色彩只是在白釉色彩为基调的基础上衍生的结果。不过这些色彩在出现的频率上不同，如纯白釉的珍珠地划花瓷器就很少，灰白色的多一些，鸡骨白和乳白釉只是有见，象牙白釉和白釉泛黄的釉色比较丰富，显然为珍珠地划花瓷器在釉色上的主流。从精致程度上看，不同的釉色也反映了不同时代、不同窑口所出土的珍珠地划花瓷器在精致程度上的异同，如纯白釉的瓷器多为精致瓷器，而灰白釉的色彩在精致程度上多数都比纯白釉的珍珠地划花瓷器差，但这一点鉴定要点也不绝对，偶见灰白釉珍珠地划花瓷器在釉色上也比较精致。通过对众多的珍珠地划花瓷器的观测，我们可以很清楚地看到鸡骨白、乳白、象牙白等瓷器多数精致程度都比较高。白釉泛黄的瓷器在精致程度上表现较复杂，但精致者少见，多以普通和粗糙者为主（图 1-8）。本书将从多个方面来揭示珍珠地划花瓷器釉色，并设计了大量图文的互动，希望能够使读者游刃有余地进行对比鉴定。

▲图 1-7　黄白釉珍珠地花卉　宋代

▲图 1-8　普通黄白釉珍珠地划花　宋代

窑口

珍珠地划花瓷器在窑口上特征鲜明，以磁州窑、登封窑、鲁山窑、修武窑、介休窑、交城窑、密县窑的烧造为主，其它窑口也有见烧造，当然这些窑口都不仅仅是烧造珍珠地划花的瓷器，珍珠地划花瓷器基本上都是这些窑口烧造众多瓷器品种中的一个品种而已，如，磁州窑所烧造的瓷器就有白釉划花、白釉剔花、白釉刻花、白釉黑剔划花、白釉黑绘、白釉黑绘划花、珍珠地划花等，不过从这些窑的发掘情况来看，珍珠地划花瓷器在这些窑口中的地位十分重要，是其主打的产品之一。从时代上看，以密县窑最早烧造成功，晚唐时期就有烧造，但停烧的时间也比较早，应该在金代以后就很少见密县窑的产品（图 1-9），宋代密县窑珍珠地划花瓷器达到鼎盛；磁州窑北宋时期开始烧造珍珠地划花瓷器，宋代达到鼎盛，金元时期开始衰落；登封窑宋金时期都比较流行，元代有见烧造，从精致程度上看，以登封窑最

▲图 1-9　密县窑珍珠地划花标本　金代

▲图 1-10　华丽凝重的珍珠地划花瓷枕标本　宋代

为精致。磁州窑的窑址在今天河北省磁县境内，以观台镇、彭城镇为中心，并以此为中心向外扩散，窑址广及河南、山西等地，影响至大河上下大江南北，地域上空前广大，显然形成了巨大窑系。登封窑的窑址在河南省登封县城附近的曲河村，以此为中心向周边扩散。密县窑在今河南密县故得名。总之磁州窑、登封窑、鲁山窑、修武窑、介休窑、交城窑、密县窑珍珠地划花瓷器在诸多方面应有着异曲同工之妙，我们在鉴定时应注意相互之间的借鉴。这三个窑场珍珠地划花瓷器鼎盛时代都是宋代，虽然带有浓郁的民间气息，但在烧造技术上十分娴熟；在烧造态度上也十分认真，其胎体略厚，釉质滋润，釉层较厚，润泽，只是在胎体的选料和淘洗上较为粗糙而已，目的显然是为了节省成本，特别注重渲染和烘托气氛，使珍珠地划花瓷变地得华丽（图 1-10），形成了自身独有的气质，并以极低的价格“通销天下”，这三个窑口都有着自身独特的魅力。所以我们要鉴赏一件珍珠地划花的瓷器首先是要将其归入特定的窑口。

功能

珍珠地划花瓷器在功能上具有鲜明的特征，主要以实用与陈设、装饰的功能结合为主，其它单一的功能则为辅助，这一点十分明显，珍珠地划花瓷器既有碗盘等进食器，也有枕等日常生活用品，但无论那一种器物造型必须从实用与装饰融合的角度来看，珍珠地划花瓷器枕比较常见，多是在枕面之上装饰珍珠地划花的画面（图 1-11），有的时候枕四周立面还使用剔花或者是刻花来进行装饰，其目的显然是为了使瓷枕变得更加精美绝伦，增强其装饰性，但这一切都是建立在瓷枕是人们每一天都要使用的寝具这一实用功能的基础之上，不然这一切装饰将变得没有意义，珍珠地划花瓷枕在人们的不知不觉中实现了实用与装饰的完美结合。当然也有纯粹装饰的功能，如珍珠地划花瓷瓶就是这样，陈设、装饰是其基本的功能，因为瓷瓶本身并不盛放任何物品，生产的目的就是陈设于厅堂之上，供人们观赏，除了造型隽永，雕刻凝炼外，还需要珍珠地划花的衬托，以显现

▲图 1-11　枕面荷叶莲花珍珠地划花瓷枕　宋代

▲图 1-12　普通珍珠地瓷枕标本　宋代

出更加精美绝伦的效果。另外，珍珠地划花瓷器的功能并非是一成不变的，可以说在不同时代、精致程度、以及不同窑口等都不同（图 1-12）。而本书试析了不同条件下的珍珠地划花瓷器功能，相信会对读者有所帮助。

收藏保养

保养是收藏得到一件珍珠地划花瓷器的首要问题，这意味着收藏者可以随时、随地拿出自己青睐的珍珠地划花瓷器把玩、欣赏、品鉴，还可以将其像古人那样放置在厅堂内，高贵而典雅。但其实收藏保养也是一个沉重的话题，因为很多瓷器因为收藏保养工作没有做好，收藏者所收藏到的瓷器受到了损坏，这种教训多得枚不胜举，如有的在把玩时失手打碎了；一些是在清扫灰尘时打碎了（图 1-13）；还有一些是连收藏着自己都搞不清楚什么原因，自己的珍珠地划花瓷器突然就开裂了；于是古玩界的一句老话“瓷器发毛，分文不值”可能始终萦绕在众多收藏者的耳边，成为一种思想负担。其实这是没有必要的，只担心没有用，关键是要掌握一些基本的收藏保养知识，预防瓷器损害的发生，使历经了千年的珍珠地划花瓷器永葆青春，保留其原有风貌，这显然是比收藏更有意义的一件事情。但一件精品从此有了瑕疵，客观上其损失也是无法估量，价格会一落千丈，或者是有价无市。

▲图 1-13　珍珠地划花瓷瓶标本　宋代

▲图 1-14　精美绝伦珍珠地划花瓷枕　宋代

关于一般性收藏保养，本书认为有三点特别重要，也是必须要做到的：

1、减少移动

2、相对温度

3、相对湿度

在正文中会对这几点一一进行分析，不过珍珠地划花瓷器的保养相当复杂，并非以上三点就能解决所有问题。但本书所论述的问题极为现实，面对的是不懂得任何保养知识的收藏者，在没有专业库房的条件如何过保养这一难关，这是本书讨论的问题，相信对其有帮助，所以深度问题，或者有争论的方法暂不涉及。总之，通过我们的努力使这些精美绝伦的珍珠地划花瓷器不要受损（图 1-14），“历经千年而犹新”是我们共同的心愿。

第二章 完残

完好

珍珠地划花瓷器完好无损者有见，墓葬和遗址中都有出土，主要以墓葬出土为主，在宋代珍珠地划花瓷器鼎盛的时期，许多墓葬当中喜随葬珍珠地划花瓷枕，枕在墓主人的头部，单身墓多为 1 件，合葬墓出土多为 2 件，当然墓葬出土器物不限瓷枕，数量也不限定在 1 到 2 件，多的情况也有见，但过多的情况很少见，遗址出土的数量多一些，数十件有见，由此可见，珍珠地划花瓷器完好无损的器皿在总量上十分有限。珍珠地划花瓷器之所以少见，主要与其保存环境有关，宋元时期的城址有过很多次扰乱，大多完整的器皿在这一过程当中都会变为碎片。而墓葬就不同了，有一个相对稳定的空间，只要是不经历盗墓或者是地震的袭扰，通常下葬用的珍珠地划花瓷器都会原封不动地保存下来。窑址上的珍珠地划花瓷器鲜见完整器皿，因为作为一个民间窑场来讲完整器皿在当时就被销售掉了，窑址上留下的多是一些碎片。从时代上看，完好的珍珠地划花瓷器在时代特征上并不明显，这是因为完好无损的珍珠地划花瓷器具有偶见性的特征（图 2-1），鉴定时我们要注意分辨。

▲图 2-1　完好无损珍珠地划花瓷枕　宋代

残缺

残缺的概念很容易理解，就是珍珠地划花瓷器残缺的部分找不到了，但是由于缺失的程度不同，所以珍珠地划花瓷器在残缺特征上也是比较复杂，从程度上看，珍珠地划花瓷器可以分为严重残缺和轻微残缺两种情况。具体我们来看一下：

▲图 2-2　略有裂缝轻微残缺的珍珠地划花瓷枕　宋代

1、轻微残缺。轻微残缺的珍珠地划花瓷器一般是指缺失的部分很少，如口部磕掉了一块，足部有缺块，枕的大部都在，只有少量缺损，但并不影响到人们对于枕的造型观瞻等情况，这些都属于轻微残缺的范畴，轻微残缺一般可以复原，只有极个别的器皿不能恢复造型。在数量上，珍珠地划花瓷器轻微残缺的情况很多见，这得益于珍珠地划花瓷器较厚的胎体，高温所烧造出的坚固性，使其抗外界受力的强度比较大，一般的外力对其伤害不大，这类器皿以墓葬中保存为常见（图 2-2）。鉴定时注意分辨。

2、严重残缺。珍珠地划花瓷器中严重残缺的情况比较多，这种情况以遗址出土为主要特征，其显著特征是残缺比较严重，剩下的内容已不多，有的偌大的一个器物仅仅剩下了手掌心那么大的一块，或是仅仅剩下的是底足的一部分，或者剩下片状，实际上对于珍珠地划花瓷器而言严重残缺基本上就意味着碎片。但碎片中较小者罕见，因为即使碎片片状，但珍珠地划花瓷器毕竟强度还是很大的，胎体又比较厚，所以如手指盖状大小的珍珠地划花瓷器的确是很少见。再者就是珍珠地划花瓷器严重残缺的程度与其造型也有一定的关联，实践中发现遗址中的珍珠地划花枕严重残缺的程度比较严重（图 2-3），原因是其造型比较大，而且又是中空的造型，

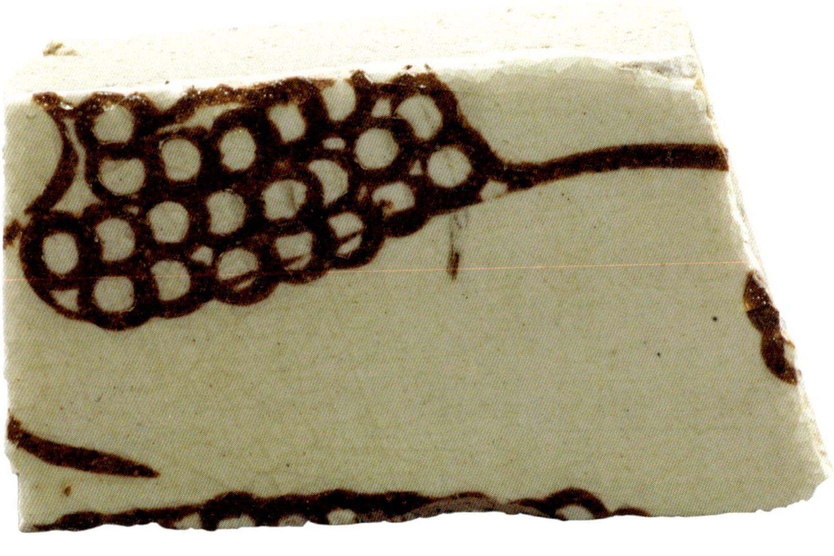

▲图 2-3　严重残缺珍珠地划花瓷枕标本　宋代

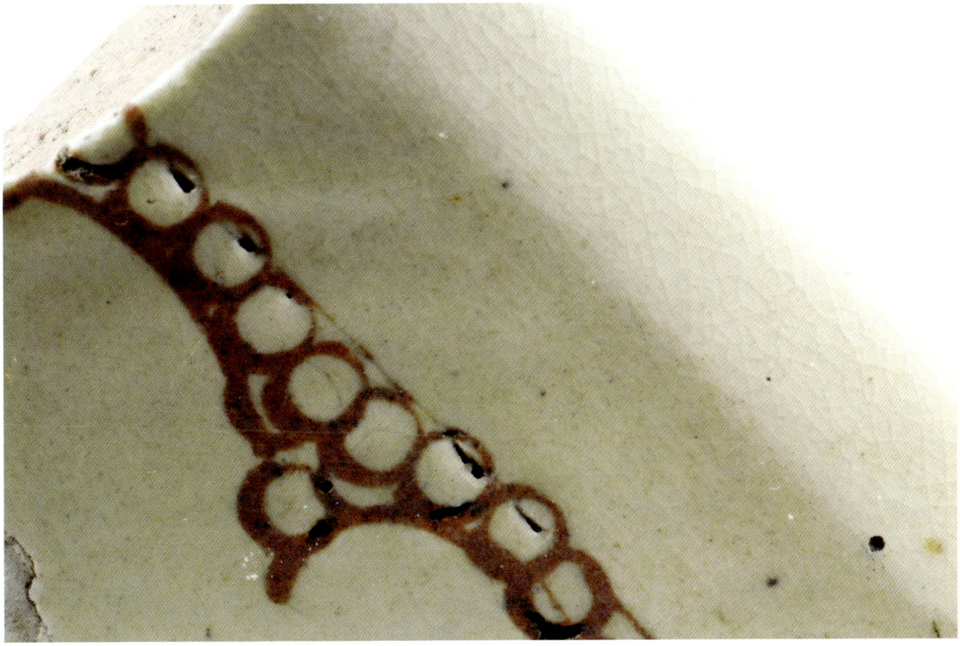

▲图 2-4　严重残缺珍珠地划花瓷枕　宋代

所以这样的器皿只有可能在墓葬当中可能还能保全，而放在田野之上必碎，这一点是显而易见的，而且遗址之上的地层多经过扰乱，多数瓷枕的命运都是身首分离，可以复原者甚少；罐、瓶、盘等大多数珍珠地划花器皿在残缺的程度上比瓷枕要好一些，但多数也仅是能够剩下大半个底足，有时微能够见到一点腹部造型（图 2-4）。总之，珍珠地划花瓷器严重残缺的情况很严重，从数量上几乎占到整个珍珠地划花瓷器遗存的大部，珍珠地划花瓷器的命运让人感叹！从时代和窑口上看，严重残缺的珍珠地划花瓷器在时代和窑口上无过于规律性的特征（图 2-5）。

▲图 2-5　严重残缺的珍珠地划花瓷器标本　宋代

复原

珍珠地划花瓷器中可以复原的器皿常见，一般来讲复原以自然复原为佳，如一件珍珠地划花的瓷枕在墓葬当中成为了一堆碎片，但墓葬未被扰乱，这堆碎片从理论和实践上都是完全可以将其复原的，这种情况在珍珠地划花瓷器的修复中并不鲜见，在数量上有一定的量。模具复原是指必须借助模具才能将器物复原的情况，称为复杂复原，这是一种较为复杂的复原，虽然残缺严重，但一般有可参照的依据，如瓷碗的造型还剩下了口沿到腹部以及底足的部分，这样的残件由于其自身的对称性，所以通过模具复原现存的部分，就完全可以使造型复原。在数量上这类器皿时常有见，墓葬和遗址上都有见。从时代和窑口上看，珍珠地划花瓷器在时代和窑口上没有过于复杂性的特征，不同时代的不同窑口内都有见。可见复原器显然是珍珠地划花瓷器的重要组成部分，特别是一些残缺犹珍的残瓷蕴涵着极大的收藏投资潜力，蕴涵着巨大的收藏价值。我们在鉴定时要注意分辨。

缺失

缺失顾名思义就是有残缺的珍珠地划花瓷器，残缺部分无法找到（图 2-6），从而不能形成口沿、腹部以及底足的整体，是一种无法复原的残器。这类珍珠地划花瓷器数量最多，墓葬和遗址内都有见，以遗址最为多见，尤其是城址，由于地层扰乱，大量的是无法复原的珍珠地划花瓷器；窑址的情况要好一些，但有很多也不能复原。从时代上看，珍珠地划花瓷器在数量上相差比较大，宋金时期比较多（图 2-7），元代少一些。从精致程度上看，珍珠地划花瓷器缺失与精致程度关系不大，当然这是由其偶见性所决定的，但与珍珠地划花瓷器多数为较为精致的瓷器有关，普通和粗糙的器皿比较少见。从造型上看，造型复杂的珍珠地划花瓷器少见，这是由其民间窑场性质所决定的（图 2-8）。鉴定时我们要注意分辨。

▲图 2-6　残缺的珍珠地划花瓷器标本　宋代

▲图 2-7　缺失严重的珍珠地划花瓷器标本　宋代

▲图 2-8　残缺珍珠地划花瓷器标本　宋代

裂缝

珍珠地划花瓷器上有裂缝者多见，在博物馆展品中我们可能经常会发现有很多珍珠地划花瓷器是经过修复的，但由于展览修复所以裂缝都未加掩盖，十分清晰，器物造型以瓷枕为多见，这种器物多是为外力作用的结果，一般情况下珍珠地划花瓷器经受不住巨大的震动而产生裂缝，从而使珍珠地划花瓷器胎体分离，但对于珍珠地划花瓷器而言，因为胎体很坚固，所以一般的外力和震动不足以让其胎体断裂分离，所以只有裂缝。博物馆中有裂缝的瓷器可能不加掩饰，因为是考古修复，不需要将修复的过程掩盖起来（图 2-9）。但在市场上作为收藏品就不是这样了，有很多有裂缝的珍珠地划花瓷器在修复时掩盖了一切，看起来好象是完好无损，没有任何缺憾的珍珠地划花瓷器其实有可能就是有裂缝的器皿。再加之珍珠地划花瓷器因修复起来比较容易掩盖，所以这类以次充好的产品在市场上很多，我们在鉴定时要注意分辨，鉴别的方法主要有两种，一是听声音。二是做检测。从听声音上看，完好的珍珠地划花瓷器叩之可发出清脆悦耳的金属声，有裂缝的珍珠地划花瓷器声音听起来沉闷、沙哑。其实并不是珍珠地划花瓷器是这样，其它的瓷器也是这样。听起来比较明显，鉴定时注意分辨。

▲图 2-9　有裂缝的珍珠地缠枝梅瓶　宋代

从检测上看，目前检测瓷器有无残损的方法很多，许多光学仪器都可以检测，可以很明白地看到瓷器是否经过修复，在釉面之下是否有裂缝等。一般比较珍贵的瓷器在咨询专家的情况下应该做一下检测，因为有的时候一些残瓷的确修复的很好，可以说是天衣无缝，不用仪器很难判断。从时代上看，有裂缝的珍珠地划花瓷器宋、金、元各个时期数量都有见，由于瓷器产生裂缝具有偶见性的特征，所以其丰富性具有不可比性。

变形

珍珠地划花瓷器烧造技术十分娴熟，再加之器物造型比较简单，多是一些枕、瓶、壶、罐等造型，胎体以略厚胎为主，瓷化程度比较高，胎体已经完全烧结，致密、坚硬，所以在胎体变形器皿上发生的几率很小，当然这也是珍珠地划花作为一个民间窑场所一直追求的，因为之所以将胎体做的比较厚，手感会比较重，但珍珠地划花瓷器在牺牲把玩功能的同时，却最大限度地降低了由于胎体变形而产生的次品率，节省了大量的成本，所以很少发现珍珠地划花瓷器在整体造型上有变形的情况。从时代上看，珍珠地划花瓷器无论是宋代还是金元时期都很少见到变形的器皿，即使有也多为偶见。从窑口上看特征较为明确，磁州窑、登封窑等诸多窑口都很少发现有变形的珍珠地划花瓷器。从精致程度上看，珍珠地划花瓷器的精致程度特征十分明显，通常情况下几乎不见变形器。在市场上如果见到大量胎体有变形的珍珠地划花瓷器，我们一定要慎重，要先辨明真伪。

土蚀

珍珠地划花瓷器有土蚀的情况有见，墓葬和遗址内都有见，但数量很少，并不是每一座墓葬都有见，遗址土蚀的数量也不多，从总量上看，珍珠地划花瓷器有土蚀者规模较小，这显然与珍珠地划花瓷器自身制作较为精致的原因密不可分，它的釉质不像是白釉画花瓷器那样的薄，烧造温度有高，釉质光洁度还比较高。另外还与珍珠地划花瓷器的地域特征关系密切，珍珠地划花瓷器在当时销售的主流区域主要在河南、山西、河北等地（图 2-10），而这些地方由于比较干燥，客观上不利于珍珠地划花瓷器与土壤在潮湿的环境中形成化学反映，这也是其未产生土蚀现象的重要原因。只是偶见有土蚀的现象，但情况也都不是很严重。 从时代和窑口上看，在这一点上珍珠地划花瓷器基本没有过于规律性的特征，因为具有偶见性，所以无论在哪个时期和窑口之上生产的珍珠地划花瓷器都有可能会产生土蚀（图 2-11），只不过从实际发掘的情况来看，这种现象出现的很少，几乎可以忽略不计。鉴定时应注意分辨。

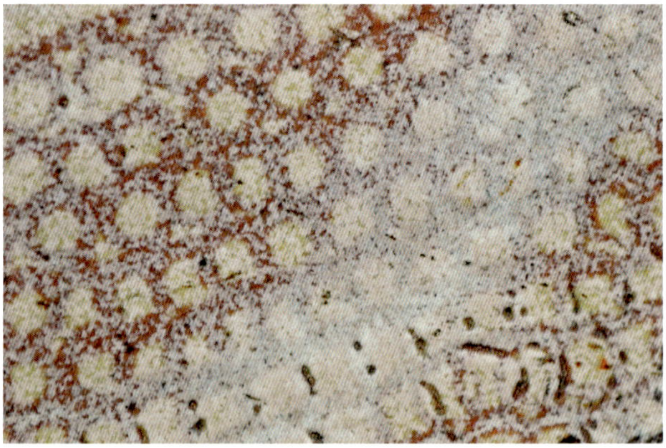

▲图 2-10　略有土蚀的珍珠地划花瓷器　宋代

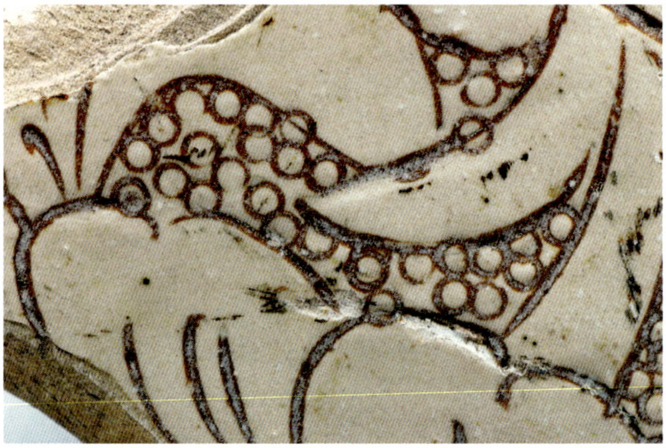

▲图 2-11　磁州窑珍珠地划花标本　宋代

磕伤

磕伤顾名思义就是磕碰而形成的痕迹，所有的磕碰痕都可以归入磕碰的范畴，从理论上看任何一种瓷器都无法避免磕伤，因为越是坚固的瓷器越是容易局部磕伤，这一点显然珍珠地划花瓷器也未能幸免的，在瓷器特别容易磕伤的部位，如口磕、足磕、腹部磕伤、沿部磕伤等在珍珠地划花瓷器上都有见，但这种磕伤一般以墓葬出土器物为多见，遗址出土很少，因为遗址上珍珠地划花瓷器一般都更为严重，可以说是支离破碎，而在墓葬当中磕碰痕迹形成的原因，主要有两个方面：一是下葬时由于不慎重所造成的；二是由于珍珠地划花瓷器本身就是实用器皿，人们每天使用，所以形成磕碰显然是难以避免，不过这种磕碰通常比较轻微，至少实用功能还都存在，所以在当时就被人们所抛弃随葬在墓葬当中的可能性很小。另外，磕碰的部位与器物造型有密切关系，如一些大件器皿，如珍珠地划花瓶、罐、壶、枕头等，由于器形大，比较沉重，在作为陈设器搬动时就容易形成口部或者是腹部的磕碰（图2-12）；而碗盘等日用器皿，最容易形成磕碰的地方就是足部，其次是口部，腹部受到磕碰的情况很少见，这是我们在鉴定时很少见到的。另外，我们今天对于它的伤害也常见，如发掘出来珍珠地划花瓷器在整理时没有注意而形成的磕碰，或者是搬动时不小心形成的碰伤，从部分实物观测来看也是新茬不断。从时代上看，珍珠地划花瓷器在时代特征上没有过于复杂的特征，宋、金、元等时期都常见。

▲图 2-12　有磕伤的珍珠地划花瓷枕　宋代

失亮

珍珠地划花瓷器釉面失亮者有见，这也是一种残缺，但失亮的概念在珍珠地划花瓷器之上似乎很少，从发掘的情况来看，基本上看不到失去亮度的情况，只是偶有见有一些通体或者是局部失去亮光的珍珠地划花瓷器，而且以通体失亮的为显著特征（图 2-13），主要表现为釉面不见光泽，多数为窑内缺陷，而并不是后天在土壤中经过化学反映而成，但后天经风雨剥蚀引起了化学反映，使珍珠地划花瓷器釉面失亮的情况也有见，只是数量比窑内缺陷形成的瓷器数量还要少。总之，釉面失去亮光的珍珠地划花瓷器在总量上非常之少，几乎可以忽略不计，但我们必须要知道有这样的一种情况存在，在河南豫西地区馆藏数据库、以及三门峡博物馆、三门峡文物考古研究所等诸多考古所中发现的上千件的珍珠地划花瓷器中只有 1 到 2 件为失亮的情况，鉴定时要注意分辨。看来珍珠地划花瓷器显然最大程度地控制了釉面失亮，不像是白釉画花瓷器那样不避讳，而是相反对于失亮这一现象要求十分苛刻。由于数量非常少，所以对我们现在从事收藏基本没有太大的影响。从时代和窑口上看，珍珠地划花瓷器在失亮特征上没有过于复杂性的特征。

▲图 2-13　通体失亮珍珠地划花标本　宋代

第三章 釉色

概念

珍珠地划花瓷器的釉色在概念上与众不同，实际就是白色化妆土上罩了一层透明釉，之所以珍珠地及划花的色彩呈现出橙红色，是因为之前用一种橙红色的粉末在纹饰上蹭擦，粉末落下嵌入凹处而形成，当入窑烧造之后，就会呈现出美丽的橙红色的珍珠地和划花纹饰，因此珍珠地划花瓷器在釉质上的本质特征就是标准的无色“透明釉”，目的是为了让人们无障碍地看清楚珍珠地划花瓷器的纹饰图案（图 3-1）。但事实上珍珠地划花瓷器的釉质在实际中并没有这样的标准，有的是因为化妆土底色的衬托，有的是因为釉质未能完全达到“无色透明”，所以当我们真正看到这些釉质时其釉色是多样化的，如橙黄色、黄白色、灰白色的乳白色、纯白、灰白、鸡骨白、象牙白、白釉泛黄等色彩都有见（图 3-2），由此可见，真正意义上的珍珠地划花瓷器在釉质上的表现并未达到青花瓷透明釉那样的纯正，观测数千件珍珠地划花瓷器，珍珠地划花瓷器在釉质上有很多就是普通的白釉，只不过这种白釉更为稀薄，稀薄到不影响人们的视觉观瞻，而以处于釉色之下的珍珠地划花纹饰为标准，当然这也是民间窑场的特性之一。客观上稀薄的釉质最大程度地节约了成本，使珍珠地划花瓷器既能够烧造出华丽的效果，又不失去在价格上的优势而“通销天下”，显然珍珠地划花瓷器在釉色上做到了。

▲图 3-1　图案清晰珍珠地划花瓷器标本　宋代

▲图 3-2　泛黄釉珍珠地划花瓷器标本　金代

乳白釉

背景信息：乳白釉的珍珠地划花瓷器有见，但数量不多，墓葬和遗址当中都有见，件数特征多为1件，分为通体和局部两种，以局部为多见，通体数量非常少，因此总量很小，只能视为珍珠地划花瓷器釉色中的重要品类之一（图3-3）。

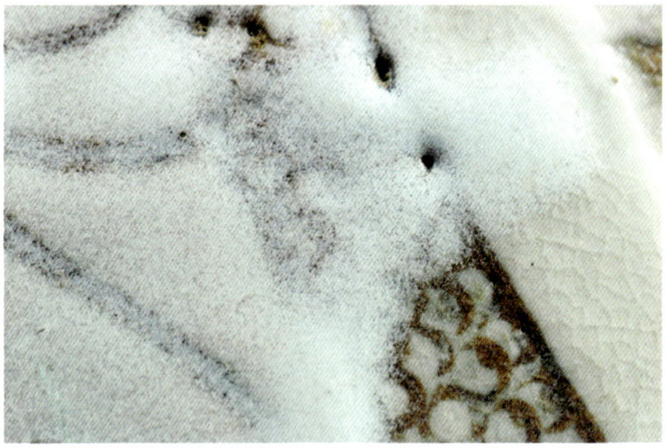

▲图3-3　珍珠地划花瓷器　金代

鉴定要点：

1、从色彩上看，乳汁一样的白色，这类色彩具有较强的亲和力，故而被各种白色调瓷器所模仿，同样珍珠地划花瓷器也不例外，这种釉色在珍珠地划花瓷器上模仿的惟妙惟肖，而且在釉色之下配以珍珠地的划花线条，特别是在瓷枕上的应用，使人感同身受，预示着吉祥。在色彩属性上明显系单色，釉质略微稠密，釉下珍珠地划花清晰可辩，精美绝伦。

▲图3-4　局部乳白釉珍珠地划花瓷器标本　宋代

2、从时代上看，乳白釉珍珠地划花瓷器时代特征比较明确，虽说各个时代都有见，但比较而言，以宋代最多，不过真正多的时代应该为北宋（图3-4）。金元等次之。

3、从窑口上看，乳白釉珍珠地划花瓷器各个窑口都有见，以磁州窑、登封窑、鲁山窑、修武窑、密县窑等都有烧造，但以磁州窑为多见，登封窑和密县窑略逊。

4、从光泽上看，乳白釉的珍珠地划花瓷器光泽明显比淡黄釉、白釉泛黄等釉色要亮，但只是亮度比较高，色泽淡雅，滋润，通体闪烁着柔媚的非金属光泽（图 3-5）。

5、从精致程度上看，乳白釉珍珠地划花瓷器与精致程度关系并不明显，精致、普通、粗糙者都有见，以精致珍珠地划花瓷器为最多，其次是普通珍珠地划花瓷器，粗糙者基本不见。当然这一格局的形成与珍珠地划花瓷器精致程度的数量比有关，因为从数量上看精致珍珠地划花瓷器的数量要远大于普通和粗糙的珍珠地划花瓷器。鉴定时要注意分辨。

▲图 3-5 非金属光泽乳白釉珍珠地划花瓷器 宋代

黄白釉

背景信息：黄白色彩的珍珠地划花瓷器时常可以看到，墓葬和窑址、城址内多有见，墓葬件数特征通常为 1 到 2 件，遗址出土数量比较多，上百件的情况都有见，在总量上有一定规模，为珍珠地划花瓷器的主流釉色，在数量上居于统治地位（图 3-6）。

▲ 3-6 黄白釉珍珠地划花标本 宋代

鉴定要点：

1、从色彩上看，珍珠地划花瓷器黄白釉色特征明显，明显的复色，黄色与白色以最完美的方式融合，并且形成了一种新的独立的色彩，这种色彩从视觉上既不能观察出黄色也不能观察出明显的白色，而且十分稳定，通透性非常好，源自其稀薄的釉质，因此它丝毫不会影响到人们观赏釉下珍珠地和划花纹饰。黄白釉的色彩阶段跨度比较长，很多时候呈现出浓淡深浅层次的变化，但这种变化幅度都有一定的限度，一般不会僭越出黄白色的界限。鉴定时我们要注意分辨。

2、从时代上看，黄白釉珍珠地划花瓷器时代特征明晰，各个历史时期都有见，宋金、元等时代都比较鼎盛（图 3-7）。

▲图 3-7　黄白釉珍珠地划花标本　宋代

3、从窑口上看，黄白釉的珍珠地划花瓷器磁州窑、密县窑、登封窑等都有烧造，另外磁州窑系统诸多窑场也见偶有烧造，如，河南鹤壁窑、郏县窑、禹县扒村窑、山西霍县窑介休窑、浑源窑等，这些窑场也都有烧造黄白釉珍珠地划花瓷器的可能性。

4、从光泽上看，黄白釉的珍珠地划花瓷器光泽特征十分明确，以淡雅、柔和为显著特征，光泽比较稳定，局部光泽过亮的情况很少见，但这种柔和并不是黯淡，如果将其放置在阳光下，那么照样会反射出刺眼的光芒，整个釉质显得光亮异常，而伪的器皿则不是这样，经过化学处理过的釉质在光线的照射下也失去了反光的能力。总体上看，整个黄白釉的珍珠地划花瓷器在光泽上闪烁着淡雅的非金属油性光泽。我们在鉴定时要注意分辨。

5、从精致程度上看，黄白釉的珍珠地划花瓷器在精致程度上特征十分鲜明，基本上以精致瓷器为主，普通和粗糙器皿为辅。鉴定时注意分辨。

灰白釉

背景信息：灰白色的珍珠地划花瓷器有见（图 3-8），墓葬和遗址内常有见，出土数量多为 1 到 2 件，遗址出土数量略多一些，看来在总量上十分有限，只是珍珠地划花瓷器在釉色上有这种色彩而已。

▲图 3-8　灰白釉珍珠地划花标本　宋代

鉴定要点：

1、从色彩上看，灰白釉的珍珠地划花瓷器色彩并不纯正，灰白色彩灰与白的融合看起来虽然不明显，但色彩稳定的程度有时却不是很好，有时偏灰、有时偏白，说明这并不是一种名贵的色彩，这可能与民间窑场、以及成本节约等有诸多因素有关。实际上就是普通灰白釉色的翻版，只不过在釉质上进一步地变得稀薄而已，目的是为了不影响到珍珠地划花瓷器在纹饰上的表现效果。鉴定时注意分辨。

▲图 3-9　灰白釉珍珠地划花瓷器　宋代

2、从时代上看，灰白釉的珍珠地划花瓷器在时代特征上不是很清晰，因为各个历史时期都有见，宋代有见（图 3-9），金元时期都有见，只是数量都不是主流。鉴定时要注意分辨。

3、从窑口上看，灰白釉的珍珠地划花瓷器窑口具有普遍性，磁州窑、登封窑、鲁山窑、修武窑、介休窑、交城窑、密县窑等都有烧造，以磁州窑数量多一些。

4、从光泽上看，灰白釉的珍珠地划花瓷器光泽度较低，但不失淡雅之质（图 3-10），非金属光泽，在油性程度上表现略显逊色，鉴定时应引起注意。

5、从精致程度上看，灰白釉的珍珠地划花瓷器在精致程度上以精致瓷器为主，普通瓷器有见，粗糙瓷器数量很少。鉴定时注意分辨。

白釉泛黄

背景信息：白釉泛黄的瓷器有见，墓葬和窑址、城址当中都有见，从出土件数上看，墓葬出土多为2到3件为多，但遗址当中由于出土珍珠地划花瓷器数量较多，有时多达上百件，可见在总量上有一定的规模，应视为珍珠地划花瓷器的主要釉色（图3-11）。鉴定时要引起注意。

▲图3-11　白釉泛黄珍珠地划花瓷器　金代

鉴定要点：

1、从色彩上看，白釉泛黄的珍珠地划花瓷器在概念上显然属白釉的衍生色彩，主流色调还是白釉，只是在白釉色彩中伴随着黄釉的共生，从而形成了白釉泛黄的色调。这种衍生色彩是任何一个历史时期的白釉瓷器上都不可避免，但是在珍珠地划花瓷器之上大量出现，这显示了珍珠地划花瓷器较为浓郁的民间窑场性质，有意放任了这种衍生色彩在瓷器之上出现的频率，使之成为珍珠地划花瓷器的一种主流色调。当然它不是普通的白釉泛黄的釉质，而是一种在釉质上更加稀薄的白釉泛黄釉，且不影响到人们对于釉下纹饰的观瞻。鉴定时要注意分辨。

2、从时代上看，白釉泛黄釉的画花瓷器具有鲜明的时代特征，宋、金、元等各个历史时期都有见（图3-12），从比例上看，具有均衡性的特征。

3、从窑口上看，白釉泛黄釉的珍珠地划花瓷器在窑口特征明显，虽然说各个窑口都有烧造，但在烧造质量上以登封窑为最，在时代上以北宋时期为最好。鉴定时应注意分辨。

4、从光泽上看，白釉泛黄珍珠地划花瓷器在光泽上较为柔和，淡雅的气质油然而生，柔媚的感觉从其泛黄的那一刻便与生俱来，非常漂亮，光泽润泽，油脂光泽明显，细腻，闪烁着淡雅的油性非金属光泽。

5、从精致程度上看，白釉泛黄的珍珠地划花瓷器以精致者为多（图 3-13），普通、粗糙的珍珠地划花瓷器只是有见，可见白釉泛黄的珍珠地划花瓷器多数精致。

综上所述，珍珠地划花瓷器在釉色上的表现不俗，其民间窑场的性质被掩饰，在成本核算的基础上，幻化出了精美绝伦、富丽堂皇的感觉，总体的色彩以白釉和黄釉的结合为基调，以不影响到釉下彩绘的观瞻为底线。总之是以不影响实用和观赏为准则的基础上发挥颇多，虽然色彩不只是我们以上所介绍的几种，还有如象牙白、纯白、雪白等都比较常见，但其本质特征都不会改变，一是不影响观瞻纹饰，二是釉质非常的稀薄。鉴定时我们要注意分辨。

▲图 3-12　白釉泛黄珍珠地划花瓷器　宋代

▲图 3-13　精致白釉泛黄珍珠地划花标本　金代

第四章 窑口

第一节 磁州窑

概况

▲图 4-1　磁州窑美轮美奂的九天玄女珍珠地划花瓷枕　宋代

磁州窑是中国古代瓷器史上一颗耀眼的明星，是一个巨大的民间窑场，磁州窑珍珠地划花瓷器自北宋时期开始烧造，贯穿于磁州窑生命的始终，并形成了巨大的窑系，有众多窑场仿烧的磁州窑产品，磁州窑产品通销天下，特别是在宋元时期河南、陕西、山东、河北、山西等一带销量特别大，成为人们日常生活当中最常用的实用器，影响十分深远。磁州窑珍珠地划花瓷器力图向精品瓷器靠拢，做工精湛，技术含量高，图案题材丰富，线条流畅，笔法凝练，构图合理，在满饰珍珠的地子上勾画出一幅幅富有生活气息、吉祥如意鲜活的画面，精美绝伦，多为巧夺天工之作（图 4-1）。鉴定时要注意分辨。

数量

磁州窑珍珠地划花瓷器在数量上异常丰富，这与其器物造型，枕、瓶、盘、罐、壶等多为人们日常生活当中的用具有关，深度民窑关系，朴实无华的做工，稀薄的釉质，超低的成本，使得珍珠地划花瓷器在当时异常流行，饭馆酒肆，寻常百姓家中都多有使用，因此虽然说其器物造型并不是十分丰富，但数量很多，特别是在北宋时期珍珠地划花枕的数量比较大，因为几乎每个人都在使用。当然除很穷和异常富有的人。鉴定时注意分辨。

窑址

磁州窑的窑址在今天的河北省磁县观台镇和彭城镇一带，因属磁州故得名。窑址目前已被发现，堆积丰富，发掘出土了不少磁州窑珍珠地划花瓷器标本，与历史记载基本吻合（图 4-2），以橙红色最美，具有鲜明的时代特征，以北宋时期生产量最大。鉴定时注意分辨。

▲图 4-2　磁州窑珍珠地划花标本　宋代

窑系

▲图 4-3　磁州窑珍珠地划花瓷器　金代

磁州窑珍珠地划花瓷器以其“质优价廉”为生存的基本要义，在林立的宋代名窑中可以说是夹缝中求生存，在竞争激烈的市场上站稳了脚跟，磁州窑的成功，使得处于激烈竞争当中的各大窑场纷纷仿造，以河北磁县为中心向周边急剧扩散，形成了一个巨大的瓷窑体系，像陕西耀州窑、山西的介休窑、霍县窑、大同窑、河南的鹤壁窑、汤阴窑等诸多窑口等可以说是磁州窑的窑系，在这些窑口中有很多也烧造珍珠地划花瓷器，如山西的介休窑烧造量还比较大。窑系的影响使得磁州窑珍珠地划花瓷器穿越了时空，元代继续烧造（图 4-3）。

时代

磁州窑珍珠地划花瓷器时代特征鲜明，北宋时期磁州窑珍珠地划花瓷器已经开始烧造，金代烧造质量虽然有所下降，但一直在烧造，直至元代，元代之后开始衰落，明清时期依然有磁州窑珍珠地划花瓷器风格的瓷器的烧造，但数量很少，与真正意义上北宋时期的磁州窑珍珠地划花瓷器区别很大。

精致程度

磁州窑珍珠地划花瓷器在精致程度上特征比较明确，因为深度民窑瓷器中的精品，以精品瓷器为显著特征，一反常态地出现了精致瓷器的数量大于普通瓷器和粗糙瓷器数量之和。这也许就是磁州窑珍珠地划花瓷器作为一种商业用瓷的成功之处，走特色之路，而不屑于媚俗（图 4-4）。鉴定时注意分辨。

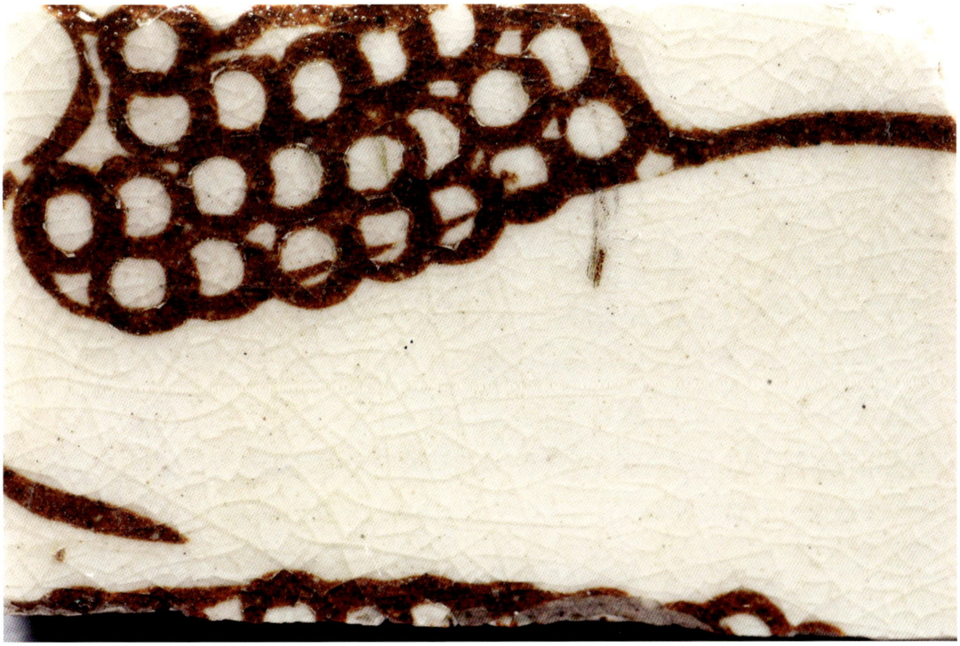

▲图 4-4　磁州窑珍珠地划花瓷器标本　宋代

纹饰

磁州窑珍珠地划花瓷器顾名思义纹饰为重点，珍珠地划花瓷器客观上同为磁州窑烧造的白釉画花瓷器要难，因为它是刻画上去的，显然磁州窑珍珠地划花瓷器在纹饰上借鉴了定窑印花以及金银器錾花工艺的原理，使用工具在胎体上进行戳印圆圈似的珍珠地纹饰，这大量降低了工艺难度，又使得工艺看起来如金银器錾花工艺般的繁复，富丽堂皇的感觉油然而生。配合划花开创了许多美丽的纹饰图案，常见的题材主要有，珍珠地划莲瓣、珍珠地划缠枝花卉、各种不知名的珍珠地划花卉、龙纹、神仙、"德福""针"（图 4-5）等字纹。由此可见，磁州窑珍珠地划花瓷器纹饰在题材上比其白釉画花瓷器少了许多，可以说不可同日而语，程式化的纹饰比较多，抒发自己情感内容比较少，当然这些题材同样具有浓郁的民间生活气息，给人以朴实之感，使人对生活充满信心，教化寓意减弱，但吉祥的寓意增强，正如"德福"等大量具有明显吉祥意味的文字出现等，划花构图合理、简洁，讲究对称，线条流畅，刚劲挺拔，但配以繁缛的珍珠就会削弱许多划花简洁的画面，而使得珍珠地划花瓷器整体上显得繁缛。由此可见，磁州窑珍珠地划花瓷器显然是在以纹饰取胜，寓意深刻。鉴定时要注意体会。

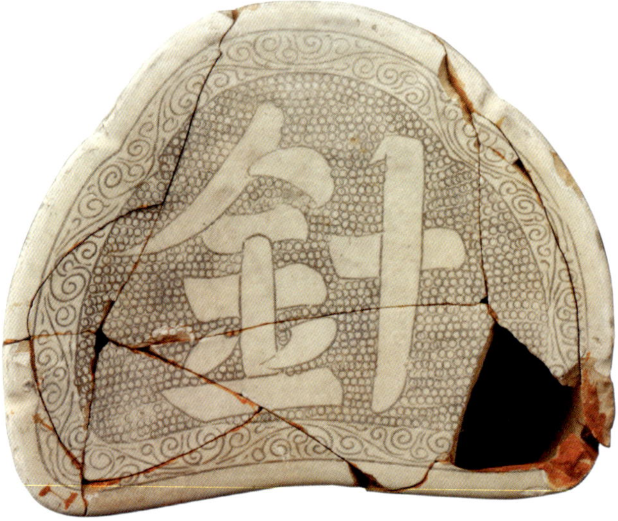

▲图 4-5　磁州窑"针"字纹珍珠地划花瓷枕　宋代

釉质

磁州窑珍珠地划花瓷器并非以釉质取胜，而是以纹饰取胜，这一点很明确，但在釉质上同样具有鲜明特点，只在化妆土上罩上一层透明釉，因此磁州窑珍珠地划花瓷器最大限度地向薄的方向发展，而且还有一个特征就是向稀的方向发展，这样做的目的很明确，就是为了达到稀薄的釉质，而不影响珍珠地划花图案（图 4-6）。与此同时在客观上大量节约了成本，为珍珠地划花瓷器的成本低廉性打下了坚实的基础；在釉质上珍珠地划花瓷器极尽心力，与一般的民窑瓷器不同，相当精细，釉层均匀，釉色比较纯正，如黄白、灰白、白釉泛黄等都是这样；在釉面杂质上也比较少，光泽淡雅，手感细腻，通体闪烁着非金属的淡雅油脂性的光泽，多数为精美绝伦之器。

▲图 4-6　磁州窑稀薄釉质珍珠地划花瓷器　宋代

胎质

磁州窑珍珠地划花瓷器胎质由于民间窑场的性质所限，选料略粗，高岭土和黏土及掺合料并存，淘洗比较精炼，瓷化程度比较高，烧成后致密，坚固，只是胎体杂质比较多，但不严重，多为星星点点状，颗粒大者几乎不见，显然多数磁州窑珍珠地划花瓷器胎体并未达到精益求精的程度。但复杂的胎料来源造就了其胎色上的复杂性，如橙红、橙色、橙黄、黄褐、砖红、土黄等色都有见，色彩比较稳定(图4-7)。由此可见，磁州窑珍珠地划花瓷器在胎体上还是比较精致，算得上是精益求精。

▲图 4-7　磁州窑色彩稳定珍珠地划花瓷器标本　宋代

影响

磁州窑珍珠地划花瓷器的影响十分深远，在宋、金、元等各个历史时期有着相当数量产品，纹饰题材新颖，产品寓意深刻，为民窑中的瓷器精品，其中枕为人们日常生活当中的寝具，同时也是娱乐、消遣和用具，受到老百姓的青睐。但从其时代上看，北宋时期达到了其烧造的最高峰。赢得了千年的赞誉，影响极其深远。鉴定时注意分辨。

第二节 登封窑

概况

登封窑是宋代开始中国北方地区重要的窑场之一（图 4-8），登封窑以曲河窑为中心向周边扩散，但最终并未形成窑系，反而是受到磁州窑的影响比较大，从大的范围上看应归入磁州窑的范畴，正如珍珠地划花一样，显然是借鉴了密县窑等产品的一些特点,但显示在工艺及技术上都大大超越了磁州窑珍珠地划花瓷器的水平，以至于使得珍珠地划花瓷器成为登封窑的象征，产量庞大，时间跨度比较长，纹饰题材丰富，成为登封窑所烧造最得意的作品之一，具有浓郁的民间生活底蕴，影响都很大。鉴定时要注意分辨。

▲图 4-8　登封窑珍珠地划花瓷枕　宋代

数量

登封窑珍珠地划花瓷器在数量上异常丰富，从器形上看，登封窑珍珠地划花瓷器在器物造型上十分丰富，常见的主要有碗、罐、瓶、枕等器皿为多见，是各个窑口中烧造数量最多的，这当然与其是人们日常生活当中的生活用具，以及深度民窑的性质有着密切的关系，朴实无华的做工，稀薄的釉质，在化妆土上直接用工具进行戳印，这一切都降低了其成本，低廉的价格，高质量的产品，使得珍珠地划花瓷器在当时异常流行，规模相当大。

窑址

登封窑的窑址在今天的河南省登封县的曲河村一带，因在登封故得名。在数十公里的曲河村窑址密布，堆积很厚，窑址在很早就被发现，遗存丰富，窑址出土器物特点与历史记载吻合，基本上没有大的出入（图 4-9）。鉴定时注意分辨。

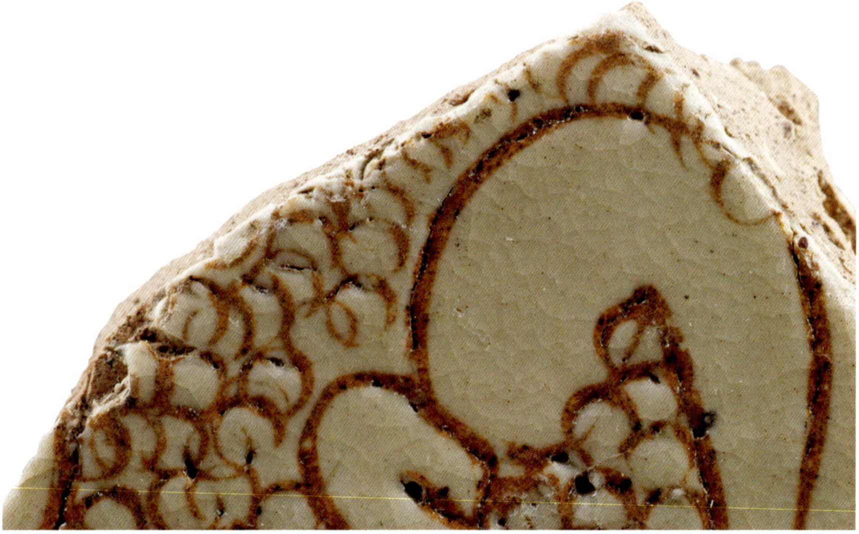

▲图 4-9　登封窑珍珠地划花瓷器标本　宋代

▲图 4-10　登封窑珍珠地划花瓷枕　宋代

登封窑产品是真正的“质优价廉”，从发掘的遗物来看多数做工精益求精，为精品力作，其实登封窑的产量也就说明了这一点，只有好的产品，价格又低廉，才能在宋代这个瓷业竞争激烈的市场中站稳脚跟，登封窑在珍珠地划花瓷器上之所以没有形成自己的瓷窑系统，当然原因很多，但其中一个重要的原因就是仿造者少，因为没有那么高的技术，仿烧到质量又好而价格又低的地步，其实历史上有很多窑场都是这样的，如著名的汝窑、官窑、烧造唐三彩的巩县窑等显然都不可能形成窑系，因为难以仿造。因此即使登封窑产量再大，从客观上也是不能满足全国的需要的，但登封窑产品的销售有其核心区域，就在我们今天的陕西、河南、山西、河北、山东等地(图 4-10)。虽然登封窑没有形成巨大的窑系，但登封窑的影响同样是巨大的。

时代

登封窑珍珠地划花瓷器时代特征鲜明，基本上是从唐代开始，经过宋金直至元代，元代之后开始衰落，鼎盛期为北宋时期，可见其烧造时间跨度比较长。鉴定时注意分辨。

精致程度

登封窑珍珠地划花瓷器在精致程度上比较复杂，因为深度的民窑关系，注定了登封窑珍珠地划花瓷器的精致程度不能以比如说汝窑的标准来看待，而只能用民间窑场的视角来看，登封窑珍珠地划花瓷器胎体坚硬，釉质细腻，纹饰题材丰富，有着深刻的生活底蕴，而这样的瓷器显然达到了精致的程度（图 4-11）。登封窑瓷器在工艺上比较稳定，所以从这一点上看多数登封窑珍珠地划花瓷器都属于精致瓷器的范畴，普通的瓷器少见，粗糙的珍珠地划花瓷器基本上不见。鉴定时注意分辨。

▲图 4-11　较为精致登封窑珍珠地划花瓷器标本　宋代

纹饰

▲图 4-12　登封窑珍珠地划花瓷器标本　金代

纹饰同样是登封窑珍珠地划花瓷器的重中之重，登封窑珍珠地划花瓷器工于细，将金银器錾花工艺的本质发挥得淋漓尽致，使用工具在胎体上进行戳印圆圈似的珍珠地纹饰，增加纹饰的繁复感，但工艺上并不复杂，同时也不会因此而增加过多的成本。题材主要以珍珠地配以划花的莲花以及各种缠枝花卉，和少量的龙纹、仙人，以及“德福”字样等，题材相对来讲比较丰富，与磁州窑珍珠地划花瓷器在题材上基本相当，教化的功能明显减弱，构图合理，简洁，对称，流畅，挺拔，件件都是精美绝伦之器（图 4-12）。鉴定时要注意体会。

釉质

▲图 4-13　釉面匀净登封窑珍珠地划花瓷器标本　宋代

登封窑珍珠地划花瓷器并非以釉质取胜，但釉质同样精彩，登封窑珍珠地划花瓷器在釉质上只是罩一层透明釉，之后进行烧造，因为登封窑珍珠地划花瓷器最大限度地向薄和稀的方向发展，目的是人们可以清晰地看到釉面之下的珍珠地划花纹饰。当然还有一个目的就是最大限度地节约成本，而且这两个目的在这里是不矛盾的，为珍珠地划花瓷器的成本低廉打下了坚实的基础；在釉质上登封窑珍珠地划花瓷器与一般的民窑瓷器不同，抛弃了粗质，而是相当细腻，釉质稀薄，釉层匀厚，釉面匀净（图 4-13），几乎不见杂质，釉色多样，乳白、黄白、灰白、白釉泛黄等都有见，光泽淡雅，有油性光泽，多数为精美绝伦之器。鉴定时要注意体会。

胎质

登封窑珍珠地划花瓷器胎质由于民间窑场的性质所限，选料略粗，高岭土和黏土及掺合料并存，淘洗比较精炼，瓷化程度比较高，烧成后致密，坚固，只是胎体杂质比较多，但不严重，多为星星点点状，颗粒大者几乎不见，显然多数登封窑珍珠地划花瓷器胎体并未达到精益求精的程度。但复杂的胎料来源造就了其胎色上的复杂性，如橙红、橙色、橙黄、黄褐、砖红、土黄等色都有见，色彩比较稳定（图4-14）。由此可见，登封窑珍珠地划花瓷器在胎体上还是比较精致，算得上是精益求精。

▲图 4-14　登封窑胎色稳定珍珠地划花瓷器标本　宋代

影响

登封窑珍珠地划花瓷器的影响十分深远，在宋、金、元等各个历史时期有着相当数量产品，纹饰题材新颖，产品寓意深刻，为民窑中的瓷器精品。从其时代上看，北宋时期达到了其烧造的最高峰，赢得了千年的赞誉，影响极其深远。鉴定时注意分辨。

第三节 密县窑

概况

密县窑是自宋代开始中国北方地区重要的窑场之一，明曹昭《格古要论》对密县窑瓷器进行了评价，“好者与定相类”。密县窑形成了巨大的瓷窑系，是与著名耀州窑、定窑系、钧窑系、龙泉窑系齐名的重要窑场，产量庞大，规模巨大，密县窑烧制了很多品类的产品，如白地划花、珍珠地刻划花、白地剔花、珍珠地划花等，其中珍珠地划花瓷器是密县窑所烧造最得意的作品之一（图 4-15），图案丰富，画面活泼，笔法凝练，构图简洁，往往寥寥几笔就可以勾勒出一幅鲜活的画面，具有浓郁的民间生活底蕴，开创瓷业新境界，在宋金、元明清等各个时代影响都很大。鉴定时要注意分辨。

▲图 4-15　密县窑珍珠地划花瓷枕　宋代

数量

密县窑珍珠地划花瓷器在数量上异常丰富，从器形上看，密县窑珍珠地划花瓷器在器物造型上十分丰富，常见的主要有碗、盘、罐、瓶、壶等。由此可见，器形以人们生活中常见的日用器皿为主，数量非常多（图 4-16），异常流行，饭馆酒肆，寻常百姓家中多有使用，因此在总量上有相当的规模，墓葬和遗址内都有见，墓葬多见 1 到数件，遗址出土规模巨大，上百成千件的珍珠地划花瓷器不足为奇。

▲图 4-16　密县窑珍珠地划花瓷器标本　宋代

窑址

密县窑的窑址在今天的河南密县，故名为密县窑。窑址已经发现，在窑址中心区域堆积非常丰富，珍珠地划花瓷器的确为主流的烧造器皿之一。

时代

密县窑珍珠地划花瓷器时代特征鲜明，从晚唐五代时期就开始烧造，北宋时期达到鼎盛，金代密县窑珍珠地划花瓷器开始衰落，可见密县窑在珍珠地划花瓷器上显然是随着北宋王朝的衰落而衰落。

精致程度

密县窑珍珠地划花瓷器在精致程度上异常复杂，因为深度的民窑，按常理来讲不应该是非常精致，但实际上密县窑珍珠地划花瓷器除了用料外，在胎体淘洗、造型艺术、瓷化程度、构图合理、线条流畅等诸多方面都是精益求精（图 4-17），按照精致瓷器的标准来要求自己，其产品看起来釉质细腻，润泽，光洁，完全具有名窑之气度，因此从精致程度上看密县窑珍珠地划花瓷器多数为精致瓷器。普通和粗糙的密县窑珍珠地划花瓷器占少数。当然想必这也是其消亡比较早的原因之一，密县窑必是在金代不愿意做粗制滥造的产品，才使得珍珠地划花这一产品急剧消亡的。由此可见，密县窑也是一个相当有气节的窑场。鉴定时注意分辨。

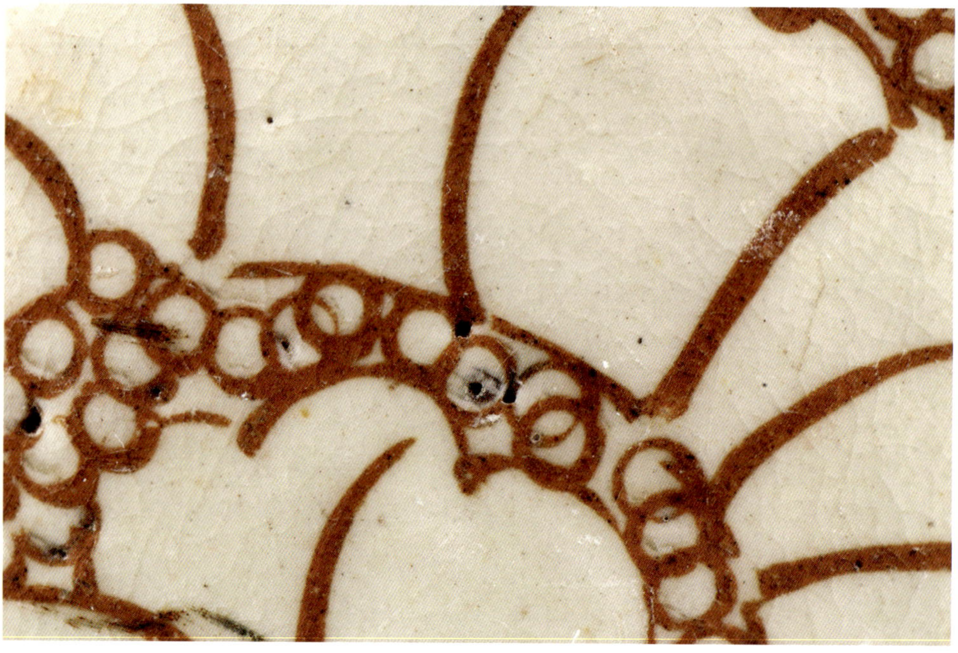

▲图 4-17　密县窑珍珠地划花瓷器　宋代

纹饰

密县窑珍珠地划花瓷器显然以纹饰为重，人们并不是简单的要实用珍珠地划花瓷器，而是要从其纹饰当中体味美好生活，感悟人生，憧憬未来。密县窑珍珠地划花瓷器纹饰主要是借鉴了金银器錾花工艺，使用工具在胎体上戳印圆圈纹，烧成后酷似珍珠打底一种图案纹样效果，划花被包围在珍珠地之中，凡是没有划花的地方都有珍珠地这样一种繁缛的纹饰效果（图 4-18），这种纹饰改变了传统刻划纹较为简单的印象，同时由于戳印又降低了工艺难度，也就意味着降低了成本，因此这种物美价廉的密县窑珍珠地划花瓷器立刻受到了人们青睐，迅速发展起来。这就是密县窑珍珠地划花瓷器的“以纹取胜”。事实的确是这样的，因为如果不是因其别致的纹饰，如果去掉珍珠地划花瓷器上的纹饰，这种瓷器将不能和传统的青瓷和白瓷以及黄釉等众多瓷器品种竞争，由此可见，密县窑珍珠地划花瓷器纹饰的重要性。

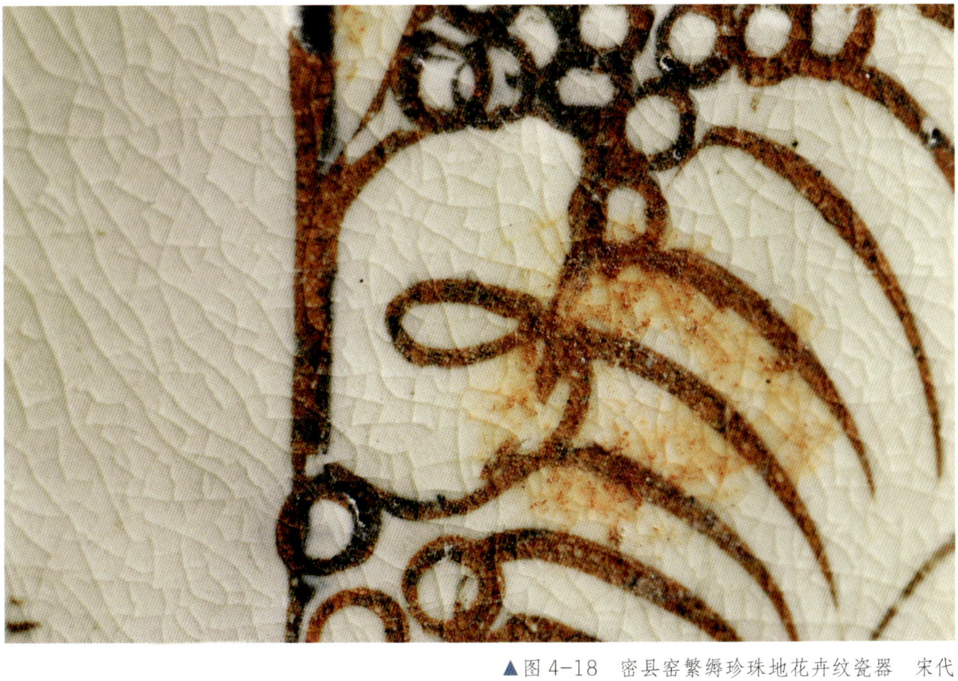

▲图 4-18　密县窑繁缛珍珠地花卉纹瓷器　宋代

▲图 4-19　密县窑珍珠地划花瓷器标本　宋代

密县窑珍珠地划花瓷器纹饰常见的题材主要有，莲瓣、莲花、缠枝花卉、折枝花卉等。

由此可见，密县窑珍珠地划花瓷器纹饰在题材上主要以各种花卉为主，题材种类并不丰富，但花卉的变化比较复杂，与珍珠地一起构成了多变的图案纹样，具有浓郁的民间生活气息，给人以朴实之感（图 4-19），构图合理，简洁，讲究对称，线条流畅，敷衍之作基本不见。看来密县窑珍珠地划花瓷器显然是在以纹饰取胜。鉴定时要注意体会。

釉质

密县窑珍珠地划花瓷器釉质特征并不复杂，以稀薄釉为显著特征，实际上就是罩上了一层透明釉，因此密县窑珍珠地划花瓷器在釉质上成本真的是很低，以前一件瓷器所需要的釉质可能可以做十件，但这显然还不是密县窑珍珠地划花瓷器的唯一目的，稀薄的釉质还可以使人们更清晰地看到珍珠地划花的图案（图 4-20），因此密县窑珍珠地划花瓷器最大限度地向稀薄的方向发展。密县窑珍珠地划花瓷器在釉质上尽可能地向精致化的方向发展，从众多发掘出土的器物来看，釉色纯正，黄、白、灰白、白釉泛黄、淡黄等，釉面杂质很少见，洁净度很高，手感滑润，显然为民窑瓷器中的精品力作。鉴定时应注意分辨。

▲图 4 20　图案清晰密县窑珍珠地划花瓷器　宋代

胎质

▲图 4-21　选料略粗密县窑珍珠地划花瓷器　宋代

▲图 4-22　密县窑胎质致密珍珠地划花瓷器标本　金代

密县窑珍珠地划花瓷器在胎质上由于民间窑场的性质所限，选料略粗（图 4-21），高岭土和黏土及掺合料并存，但这与密县窑力图烧造精致珍珠地划花瓷器是相矛盾的，这更加促使了密县窑珍珠地划花瓷器在除原料选择以外的极尽心力，如在淘洗上十分精炼，造型规整，隽永，瓷化程度非常高，烧成后致密，坚固（图 4-22），胎体杂质控制得比较好，颗粒大者几乎不见，胎色多见橙红、白胎、橙黄、黄褐、砖红、土黄等多种，色彩稳定性比较强。鉴定时应注意分辨。

影响

密县窑珍珠地划花瓷器影响十分深远（图 4-23），它烧造珍珠地划花瓷器的时代比较早，坚持在民窑瓷器中烧造精品的观念，其产品以精致瓷器为主，深得人们喜爱，在宋代名窑林立的瓷业格局中占有了一席之地，北宋时期达到鼎盛，其产品“通销天下”，冲击着传统瓷器不重视纹饰的固有观念，在瓷器史上留下了光辉一页。同烧造珍珠地划花瓷器的磁州窑、登封窑等诸多窑口齐名。鉴定时注意分辨。

▲图 4-23　密县窑珍珠地划花瓷枕　宋代

第五章 造型

第一节 口部

1、从敞口上看，敞口是指向外扩张的口部造型，珍珠地划花瓷器在敞口上器形比较丰富，以碗、罐、瓶、盘等为常见，数量最多者应为瓶等。造型具有相当的衍生性，常见有大敞口、小敞口、微敞口等造型。在功能上敞口的造型在功能上有利于散热，逐渐演变成为一种造型思维定式，那么从珍珠地划花瓷器上看显然散热的功能不是主流，因为常见的器物造型也就是涉及到碗，但碗实际上也是很少，珍珠地划花瓷瓶的口部造型敞口者有见，但也不是说特别的多，因此敞口从根本上看并不是珍珠地划花瓷器的主流。在功能上，实用与装饰的功能兼备。鉴定时注意分辨。

2、从侈口上看，侈口的珍珠地划花瓷器常见，形制有一个较为明显的向外延伸的过程（图 5-1），从而形成一个外侈的过程，如，圆口、椭圆口、四方口、长方形口、不规则口等，都有可能是侈口的造型。主要以罐、瓶、壶、盘、碗、杯等器皿为常见，以瓶、碗、盘等为多见；衍生造型以大侈口、小侈口、微侈口等为常见。功能集实用与装饰性为一体。从流行程度上看，侈口珍珠地划花瓷器流行比较广，从唐末开始直至元代，以北宋时期造型和衍生造型最为丰富。鉴定时注意分辨。

▲图 5-1　侈口珍珠地划花瓷瓶　宋代

3、从敛口上看，敛口珍珠地划花瓷器的造型有见，形制有一个内敛的过程，这样的口部造型在珍珠地划花瓷器中有一定的量，但总量不大。主要原因是敛口造型主要出现在碗、盘等器皿之上，而这些器形出现频率很低，在总量上也很少，绝对处于从属地位。所以其总量很小，我们在鉴定时知道有这种口部造型就可以了。从衍生造型上看，常见的主要有大敛口、小敛口等。从流行程度上看，敛口珍珠地划花瓷器随着珍珠地划花瓷器的流行而流行，地域范围比较大，遍及全中国。鉴定时注意分辨。

4、从花口上看，珍珠地划花瓷器花口的造型有见，像花儿一样的口部造型多是珍珠地划花瓷瓶等器皿之上出现，但出现的频率不是很高，因为珍珠地划花瓷器从本质上看主要是以纹饰取胜，而并不是以造型，或者是局部的造型，所以说珍珠地划花瓷器花口造型者有限，当然花口瓷器在器物造型上不仅仅限于瓷瓶，而是在碗、罐、瓶等上都有可能出现。珍珠地划花瓷器花口造型从理论上看是无限的，但由于数量比较少，所以在实践中见到的并不多。从功能上看，花口的珍珠地划花显然有意突出造型装饰的功能，给人以一种较强的视觉冲击力。从流行程度上看，花口的珍珠地划花瓷器有见，流行程度应该比较广。鉴定时应注意分辨。

5、从直口上看，珍珠地划花瓷器的直口从视觉上看为笔直，但这只是视觉意义上的，从器形上看，以罐、瓶为多见，可见器物造型不是很丰富，在比例关系上珍珠地划花瓷器以瓶最常见，其他器皿只是偶见。衍生造型有近直口、口微直、小直口、大直口等判断的标准主要为视觉。功能比较复杂，主要是以装饰为先导，如珍珠地划花瓶造型隽永，挺拔端庄，但并不用来盛放酒等液体，是专一用来陈设和观赏。从流行程度上看，直口造型的珍珠地划花瓷器流行程度比较广，墓葬和窑址、城址中都有出土，在总量上有一定的量。鉴定时应注意分辨。

6、从大口上看，珍珠地划花瓷器在大口上的概念比较广，就是相对于器物造型，一个视觉上的尺寸标准，它所囊括口部造型甚多，如侈口、敞口、直口、圆口、子母口、椭圆口等。在器形上碗、盘、罐等都常见（图 5-2）。从功能上看，以实用为主，如珍珠地划花瓷盘大口的目的显然是为了盛放方便的需要，之后才是装饰的功能。从流行程度上看，大口珍珠地划花瓷器流行很广，各个时代都有见，墓葬和窑址、城址均有出土，是无论达官贵人和百姓都要使用的器皿，只是在数量上有限。鉴定时注意分辨。

▲图 5-2　大口珍珠地划花瓷瓶　宋代

7、从小口上看，小口珍珠地划花瓷器概念很好理解，就是小口，口小到什么程度，这是一个视觉上的盛宴，但其却是珍珠地划花瓷器的主流造型，主要是因为从器形上看珍珠地划花瓷瓶等器皿常见小口造型。从功能上看，小口的珍珠地划花瓷器功能以实用为主，瓶口小不完全是为了盖子方便，而是为了延续传统，维持珍珠地划花瓷瓶的造型等，因为有许多珍珠地划花瓷瓶没有任何实用功能，就是用于陈设和装饰，由此可见，珍珠地划花瓷瓶在功能上的特征显然是实用与装饰的融合。从流行程度上看，珍珠地划花小口瓷器流行甚广，宋、金、元等各个历史时期都常见。鉴定时注意分辨。

8、从撇口上看，珍珠地划花瓷器撇口造型常见，有一个明显向外撇的过程，诸多口部造型都有可能是撇口，如侈口、敞口、小口、大口、圆口、椭圆口、四方口、长方形口等，可见撇口的概念比较大，但从实物观测来看珍珠地划花瓷器在撇口上并没有如此复杂，因为其器形比较少，主要以碗、罐、瓶、盘等为显著特征，其中以碗、盘等最为常见，但其出现频率比较低，所以从衍生造型上看撇口的珍珠地划花瓷器十分少见。从功能上看，撇口的珍珠地划花瓷器功能主要以实用和装饰融合为主（图 5-3）。从流行程度上看，珍珠地划花瓷器撇口造型在各个时代都有见，总量很小，但流行程度甚广。鉴定时要注意分辨。

9、从喇叭口上看，像喇叭一样口部在珍珠地划花瓷器上常见，这是一种较为张扬的造型，但在器形上比较单一，以珍珠地划花瓷瓶等为显著特征，其中以瓶最为多见。在衍生造型上幅度不大，常见的有大喇叭口和小喇叭口等，完全以视觉为判断标准。从功能上看，夸张的喇叭口珍珠地划花瓷器造型在功能上体现了强烈的装饰性意味，实用与装饰完美地融合。从流行程度上看，喇叭口的珍珠地划花瓷器较为流行，也有一定的量，显然是珍珠地划花瓷器在口部特征上的主流。从时代上看，虽然各个时代都有见，但主要以北宋时期为显著特征。

▲图 5-3　尖圆唇珍珠地划花瓷瓶　宋代

第二节 唇部

1、从种类上看，珍珠地划花瓷器唇部特征种类十分丰富，常见的主要有圆唇、方唇、尖唇、尖圆唇、卷唇、平唇、厚唇、薄唇、敛唇等（图 5-4），从数量比例关系上看较具均衡化特征。在厚薄上，厚唇与薄唇兼具。造型的衍生性比较强，如常见的珍珠地划花瓷器在卷唇上主要有外卷唇、唇微卷、弧卷唇、唇沿微内卷、卷圆唇等造型。判断的标准为视觉，完全是视觉的盛宴。由此可见，珍珠地划花瓷器唇部造型种类多样，错综复杂。鉴定时注意分辨。

▲图 5-4　折沿珍珠地划花瓷枕　宋代

2、从数量上看，珍珠地划花瓷器唇部造型丰富，但数量并不均衡。如圆唇的造型墓葬和窑址、城址中都有见，各种器物造型都会涉及，总量较大。尖圆唇的造型也是这样，虽然墓葬和遗址中也都有见，但总量较小。通过我们的观察，尖圆唇在总量上最大，其次是方唇、圆唇、撇唇等。不过这只是概率下的特征，鉴定时只能用做参考。

3、从形制上看，珍珠地划花瓷器唇部形制特征比较简单，如圆唇一看就知道是圆的。方唇也是这样。模糊不定的情况很少见。尖圆唇的形制略显复杂，尖与圆造型完美地结合，不见任何痕迹。可见珍珠地划花瓷器唇部形制并未脱离视觉观察的范畴。鉴定时注意分辨。

4、从器形上看，珍珠地划花瓷器在器形上以碗、壶、瓶、盘等为多见，可见相当多的器皿都有唇部特征，只是不同的造型侧重点不同而已，如瓶、碗、盘等器皿多选用方唇、平唇、圆唇或者尖圆唇等的唇部造型，其中以尖圆唇珍珠地划花瓷碗的数量为最大；方唇以瓶的比例最大；过多例子就不再赘举。由上可见，珍珠地划花瓷器在唇部造型上涉及的器物造型众多，而且不同时代和窑口内这些造型都有着不同程度的差别，但这种最基本的比例特征不会改变。鉴定时应注意分辨。

5、从功能上看，珍珠地划花瓷器唇部在功能上的特征主要以实用和装饰的功能结合为主，如圆唇、方唇、卷唇等形制的珍珠地划花瓷瓶，有的时候并不实用，所以人们很难讲那一种珍珠地划花瓷器在功能上是纯实用的，或者说是纯装饰用的，一般都是巧妙地将这两种功能结合在一起。我们在鉴定时要注意分辨。

第三节 沿部

1、从种类上看，珍珠地划花瓷器沿部造型较为丰富，如平沿、折沿、敞沿、卷沿、厚沿、撇沿、薄沿、花口沿等都有见（图5-5），但从出现的频率上看却有着相当大的差异性，如厚沿的珍珠地划花瓷器在数量上可能比较少，而薄沿的可能就相对多一些，如花口沿相对于平沿要少，实际上对于珍珠地划花瓷器而言各种沿部特征都比较少，因为本身珍珠地划花瓷器的数量就比较少，所以这种差异性多是相对的，真正从数量上看相差并不多。珍珠地划花瓷器沿部衍生性较强，如卷沿可以派生为微卷沿、卷沿较甚的情况。折沿可以是斜折沿、平折沿、折沿外卷、折沿下斜、宽折沿的情况。鉴定时注意分辨。

▲图 5-5　弧度较大折沿珍珠地划花瓷器标本　宋代

2、从数量上看，珍珠地划花瓷器沿部造型在数量上具有差异性，但它们的区别由于总量的限制不是那么明显，也未表现出均衡性，如平沿、折沿、薄沿、厚沿等，以厚沿的比例最大。鉴定时注意分辨。

3、从形制上看，珍珠地划花瓷器在形制上不复杂，以直观视觉判断为标准（图5-6），如折沿多为比较标准的转折，而不是尺寸意义上的弧度。从具体造型来看，几乎所有的珍珠地划花瓷器在沿部特征上都是一个大的概念，如珍珠地划花瓷器上的卷沿就是一个集合

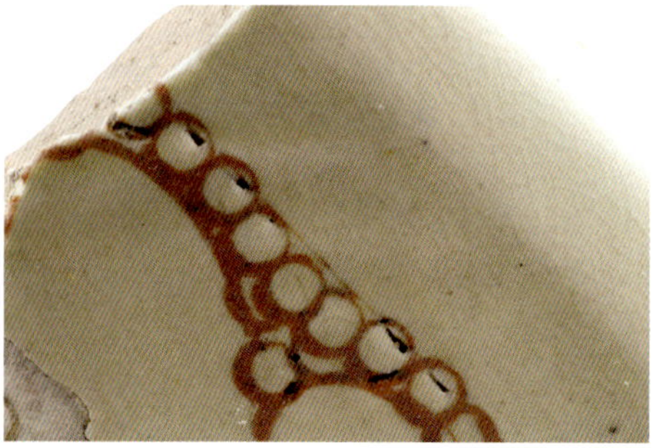

▲图 5-6　珍珠地划花瓷枕　宋代

体，微卷沿、卷沿较甚、卷沿、花形卷沿等，造型隽永，囊括沿部特征甚广。其他的沿部在形制上基本上都与此相似，包含甚广。鉴定时应注意分辨。

4、从器型上看，珍珠地划花瓷器有沿部的器物造型较为丰富，常见的主要有碗、盘、瓶、罐、枕（图 5-7）等，这些器物造型在沿部选择上比例也不相同，如碗的造型可能有沿的情况很少，而瓶的造型就不是这样了，各种沿部特征基本都有，由此可见，珍珠地划花瓷器在器物造型的选择上差异性比较大。这一点我们在鉴定时要注意分辨。

5、从功能上看，珍珠地划花瓷器沿部造型功能很明确，主要有两种表现形式，一是实用和装饰的结合；实用与装饰结合器皿如卷沿罐，可能首先是为了盖盖子的方便，同时也为了使器物造型更加精美绝伦，看来珍珠地划花瓷器沿部造型在功能上是集实用与陈设装饰于一身。二是装饰为先导的情况，这类器物多数没有实用功能，主要是一种陈设器皿，这样的器皿在珍珠地划花瓷器中很多，常见的如瓷瓶，还以卷沿为例，目的显然是为了突出瓷瓶，对用于陈设的瓷瓶进行装饰。鉴定时应注意分辨。

▲图 5-7　直腹珍珠地划花瓷枕　宋代

第四节 腹部

1、从种类上看，珍珠地划花瓷器常见腹部造型主要有鼓腹、弧腹、浅腹、深腹、斜腹、圆腹、直腹等，可见其造型丰富，从比例上看参差不齐，如鼓腹的造型就比较多，其次是直腹（图 5-8），但通过观测珍珠地划花瓷器大鼓腹的情况比较少见，以弧鼓腹和弧腹微鼓的造型为显著特征。从微观上看，不同时代和窑口之间都有差别，只是差别大与小的问题。其衍生性上比较强，以鼓腹为例，就有微鼓腹、近鼓腹、扁鼓腹、小鼓腹、大鼓腹、弧鼓腹、瓜棱鼓腹、圆鼓腹等造型，推而广之，这样来看腹部的种类真的是灿若星辰，异常繁缛。不过从实际情况来看，并没有这样的复杂，因为珍珠地划花瓷器在总量上是有限的，所以很多腹部特征都是理论上的，有可能产生的，而不是一定会有。

2、从数量上看，珍珠地划花瓷器众多腹部特征在数量上差异性很大，从出土数量上看以鼓腹所占的比例最大，其次是深腹，主要以瓶为多见。浅腹的比例很小，字在特定的造型上有见，如珍珠地划花瓷盘等。另外如直腹、折腹、敞腹、曲腹等（图 5-9），其数量非常有限，但腹部的造型在数量上有时也受时代和窑口的影响，但这种影响很小，看来珍珠地划花瓷器在造型上惯性延续的力量很强。鉴定时注意分辨。

▲图 5-8　微弧腹珍珠地划花瓷瓶标本　宋代

▲图 5-9　直腹珍珠地划花瓷枕　宋代

3、从形制上看，珍珠地划花瓷器腹部形制略显复杂，多数是个复杂衍生体，而并不是独立的腹部造型，如鼓腹的造型常见的就有微鼓腹、近鼓腹、扁鼓腹、小鼓腹、大鼓腹、弧鼓腹、瓜棱鼓腹、圆鼓腹等。由此可见，珍珠地划花瓷器在腹部形制上繁复。从复杂程度上看，珍珠地划花瓷器腹部形制并不复杂，因为从根本上看珍珠地划花瓷器显然不是以造型取胜，而是以纹饰取胜。从时代和窑口上看，宋、金、元等各个时代和窑口在腹部形制特征上基本都相似。鉴定时要注意分辨。

4、从器形上看，珍珠地划花瓷器腹部造型丰富，常见的主要有碗、盘、瓶、罐、枕头等。不同的器形腹部不同，这一点在珍珠地划花瓷器上表现得淋漓尽致，如珍珠地划花瓷瓶，腹部首先都是深腹，而不能是浅腹的造型，再如珍珠地划花盘只能是浅腹，而深腹的可能不大；枕头的器皿多数直腹或者是斜直腹的造型（图 5-10）。这些特征我们在鉴定时要注意分辨。

5、从功能上看，珍珠地划花瓷器腹部造型在功能上体现了实用装饰性的结合，这一点似乎很明确，多数器皿如罐的腹部多为微鼓腹，这显然是为了盛放食物而设计，这是其生存之本，装饰功能在珍珠地划花瓷器之上也占有很重要的地位，因为罐如果完全是为了实用的功能，可以设计成大鼓腹的造型，但实际上没有这样做，再如，宋代数量最多的珍珠地划花瓷器瓷枕，腰圆、八角、如意、正方、银锭、长方、束腰、花形、梯形等，腹部造型各异，但无论哪一种腹部造型，显然都不是完全为了实用的功能，而是为了在造型上“取异”，给整个珍珠地划花瓷器添彩(图5-11)。鉴定时要注意分辨。

▲图 5-10　弧腹珍珠地划花瓷瓶标本　宋代

▲图 5-11　平底珍珠地划花瓷枕　宋代

第五节 底部

1、从种类上看，珍珠地划花瓷器在造型种类特征上比较简单，主要以平底为主，这与珍珠地划花瓷器为人们生活当中的日常用具有关，特别是众多的器物作为盛器，则必须要有底部特征，如碗、枕、瓶等，足部特征变化都很大，但大多都是在平底的基础上衍生而来，如大平底、小平底等，另外从厚度上有可以分为厚底和平底等，就很少见有过于复杂的底部造型。鉴定时应该注意分辨。

2、从数量上看，珍珠地划花瓷器不同的底部造型在数量上特征比较明确，从宏观上看，主要以普通平底为主，如碗、盘等造型多为平底，衍生性的造型也比较多，如大平底的造型就常见，像珍珠地划花瓷枕的底部多为大平底（图 5-12），相当的大，只是在造型上多种多样，造型有八角、如意、正方、长方、花形等，平底的造型与器物造型基本一致，多属大平底的造型。由此可见，平底衍生造型在数量上显然是珍珠地划花瓷器底部造型的主流。鉴定时注意分辨。

3、从形制上看，珍珠地划花瓷器底部形制主要以平底为主，其他的底部造型很少见，如圜底的造型就很少见。平底的造型比较复杂，可以分为大平底、普通平底、小平底三个阶梯式造型。另外，平底从平整的程度上看还可以划分为内凹、平衍、微凸的造型，从平底微凹上看，在珍珠地划花瓷器中平底微凹的造型常见，内凹的程度多不会太深，但这些形制的出现有着很强的造型选择性，多选择的是碗、盘等造型，

▲图 5-12　平底微内凹珍珠地划花瓷器标本　宋代

而像珍珠地划花瓷枕等底部就很少发现有内凹或者外凸的现象（图 5-13），原因很简单，因为如果枕的底部不平整，其实用功能就会受到影响，而这在民窑瓷器当中是不允许出现的现象。可见珍珠地划花瓷器在底部形制上并不复杂，只是有着诸多的器物造型限制性特征。鉴定时要引起我们注意。

4、从器型上看，珍珠地划花瓷器平底的造型几乎涉及所有的器物造型，如碗、盘、罐、瓶等都有见，不同的形制主要涉及的器形具有差别，如珍珠地划花瓷器碗的底部基本都是平底，可以说大平底、平底、小平底的造型都有见。而珍珠地划花瓷器瓶的底部造型多为小平底。另外，不同时代的珍珠地划花瓷器在平底特征上有区别，宋代珍珠地划花瓷器在底部造型平衍性上比较好，而金元时期表现的就不是那么好，多数有微凸或者是内凹的底，但上下浮动的幅度都比较小。从精致程度上看，由于珍珠地划花瓷器多数为平底的造型，普通和粗糙者的器物在总量上很少，所以底部不平整的现象在现实中也很少见。从时代和窑口上看，珍珠地划花瓷器特征不是很明显，显示了较为均衡化的特征。鉴定时要注意分辨。

5、从功能上看，珍珠地划花瓷器底部造型在功能上显然以实用和装饰性的结合为主，在某些程度上还特别迎合了装饰性的特征。珍珠地划花瓷器底部造型在功能上的具体表现分化为两极，一是对于功能影响很小，如大小平底、平底内凹和微凸的情况，如珍珠地划花瓷瓶，即使它的底部是微凹或者微凸的，但外面还有圈足，其实并不会对其实用功能造成实质性的影响，如陈设的功能。鉴定时要注意分辨。

▲图 5-13　圈足珍珠地划花瓷瓶标本　宋代

第六节 足部

1、从种类上看，珍珠地划花瓷器足部造型常见的主要有圈足、饼足、尖状足、乳足、小饼足等，主要以圈足最为常见（图 5-14）。由此可见，从宏观上看珍珠地划花瓷器在足部造型上不算丰富，主要以圈足为主要特征，其他的足部造型都比较少见，几乎可以忽略不计。在这些不同种类的足部造型之下还有诸多衍生性的造型，如圈足常见的圈足衍生造型就有暗圈足、方圈足、小圈足、斜直圈足、窄圈足、矮圈足、高圈足、假圈足、宽圈足、喇叭状圈足等，可见珍珠地划花瓷器在圈足衍生造型上的丰富性，但实际上由于珍珠地划花瓷器在总量上比较小，所以在比例上不同种类的圈足部造型出现的频率差异性很大，如暗圈足出现的频率很小，而宽圈足的比例却是非常大，珍珠地划花瓷瓶有许多就是宽圈足。鉴定时要注意分辨。

▲图 5-14　圈足珍珠地划花标本　宋代

2、从数量上看，珍珠地划花瓷器不同的足部在数量上各异，以圈足的规模最大，圈足几乎占到了其总量的 95% 以上（图 5-15），其他如花座足、尖状足、乳足、蹄形足等只是有见。从时代上看，珍珠地划花瓷器足部造型在数量上特征不明显，宋、金元等各个历史时期基本上呈现出均衡发展的态势。从窑口上看，珍珠地划花瓷器无论是磁州窑还是登封窑或者是密县窑等，产量都很大，这应该与其民间窑场性质有关，在当时应该是“通销天下”。鉴定时应该注意分辨。

3、从形制上看，珍珠地划花瓷器足部形制常以视觉来判断，如各种形制的圈足等，宽圈足就是指比较宽的圈足，窄圈足与之相对，还有高圈足和矮圈足的对比都比较直接，多为视觉盛宴。从具体形制上看，珍珠地划花瓷器足部造型分得比较细，相互之间的包容性有限，如矮圈足、高圈足、圈足外撇等都是这样。在时代上珍珠地划花瓷器足部形制较为模糊，晚唐、北宋、宋金、元等各个时代基本上都相似，表现出了较为均衡化的特征。从窑口上看特征也不是很明显，各个窑口烧造的珍珠地划花瓷器基本上都很相像，在技术上应该存在相互借鉴的情况。鉴定时应注意分辨。

4、从器形上看，珍珠地划花瓷器不同的足部造型会选择相应的器形，这一点是显而易见的，然而这一选择过程是复杂的，在各种器物造型的选择过程当中总量最大的无疑是圈足体系，几乎占到整个珍珠地划花瓷器的一半以上，而圈足中最常见的器皿就是珍珠地划花碗、盘、瓶等生活用品（图 5-15），其中尤以瓶的数量为最多。由于珍珠地划花瓷器的民窑性质，多为普通百姓生活中实用的器皿，所以除了圈足之外其他足部造型可能也会存在，但在数量上比较少，总的来看，多数珍珠地划花瓷器在足部造型上选择是圈足的某一种造型。从时代和窑口上特征较具均衡化特征。鉴定时应注意分辨。

5、从功能上看，珍珠地划花瓷器足部功能十分明确，主要以装饰性的功能为先导，实用的功能居于次要地位。比如珍珠地划花瓷瓶的足部造型完全可以饼足，但之所以做成各种各样的圈足造型，目的显然就是为了装饰的功能，当然任何圈足在发挥其装饰功能的同时必须同时要具有实用的功能，不然这件器物造型也就不能成立了，显然不能放置平稳。在纹饰上珍珠地划花瓷器在珍珠地的衬托下显得华贵，其实目的也是为了装饰的需要，非常的吉祥，具有浓郁的民间气息，受到人们的青睐。由此可见，珍珠地划花瓷器主要是以装饰功能为主导。鉴定时应注意分辨。

▲图 5-15　珍珠地划花瓷盘标本　宋代

第六章 纹饰

背景信息：珍珠地划花瓷器以纹饰取胜（图 6-1），朴实无华，将人们在生活中的所见所闻高度概括，运用象征、写意的手法将创作者的思想宣泄在瓷器之上，将戳印珍珠地纹与划花纹完美地融合在一起，一改以往简单刻划花纹传统，制造了一场宏大的视觉盛宴，成为中国古代瓷器史上的一大创举。珍珠地划花瓷器纹饰通常是先划出花卉的枝叶花蕊，之后在留白处用特有的戳印工具打圆圈为地，烧成后酷似珍珠一般，称为珍珠地划花瓷器，在纹饰色彩上多用橙红色的粉末在纹饰上蹭擦，粉末嵌入凹处，形成橙红色美妙的图案，最后罩透明釉烧造而成。珍珠地划花图案手法纯熟简练，线条流畅，题材丰富，构图合理，美不胜收，具有浓郁的民间生活气息，显然是民间窑场中较为华丽的图案（图 6-2）。

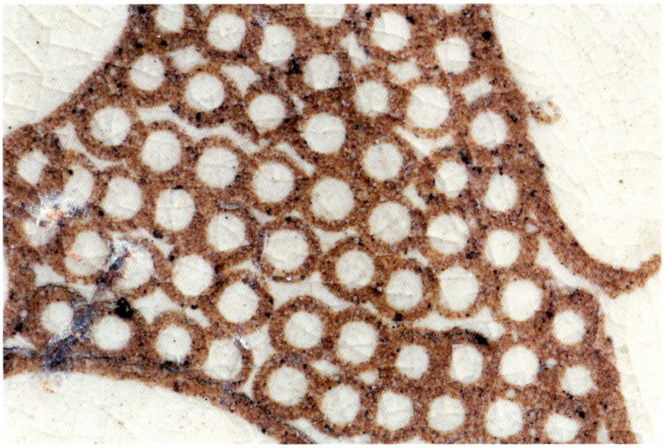

▲图 6-1　珍珠地划花瓷器　宋代

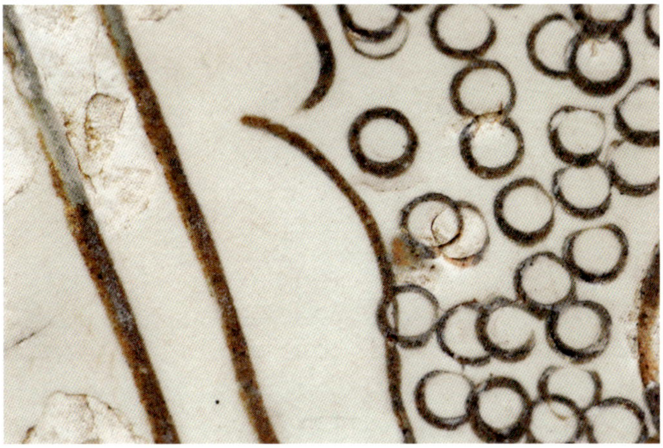

▲图 6-2　珍珠地划花瓷器　金代

鉴定要点：

题材

珍珠地划花瓷器纹饰在题材上并不是十分丰富，虽然取材于生活，但看起来高度概括，将生活中万般景象和人们的万般情思，都宣泄在了最能令人们动情的花卉图案之上，有以花卉论万物的情怀，主要表现形式就是珍珠地和各种形状的划花卉配合共同组成纹饰（图 6-3），或者是珍珠地和龙纹共同组成纹饰，还有见人物和珍珠地纹共同组成纹饰的现象，也有见珍珠地和字纹共同组成纹饰的现象，珍珠地纹将文字包裹在中央，各种文字多有，多见“德福”、“针”等字样。由此可见，珍珠地划花在题材上的确不是很丰富，具体的生活细节很少，如像白釉画花瓷器上出现的逗鸟、抽陀螺等生动的形象已经不见，取而代之的是具有一定抽象意义的画面。实际上花卉的图案还不算是最抽象的，因为我们还能看出它是花卉，最抽象的图案应该是由无数珍珠地组成纹饰，这样的纹饰是什么谁也不知道，其实越是这样的图案越抽象，因为它在人们思维中想象的空间是无限的，人们可以将其想象成任何内心需要的纹饰，所有生活中美好的回忆都可以被赋予在珍珠地纹之上，这种抽象的思维实际上和现代西方抽象画的意境是一致的，具有较高的水平，可以说是超越了时空(图 6-4）。

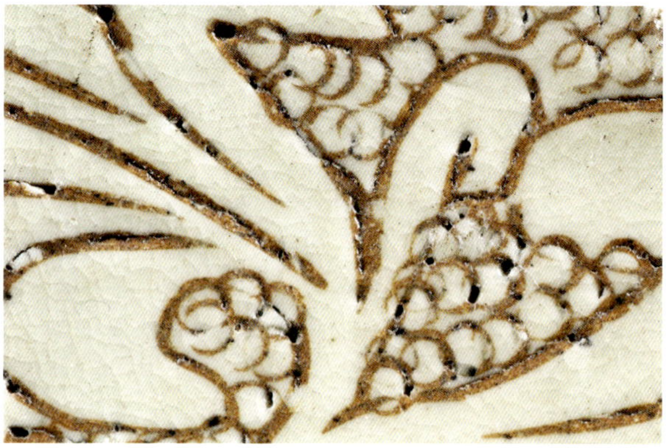

▲图 6-3　花卉纹珍珠地划花瓷器　宋代

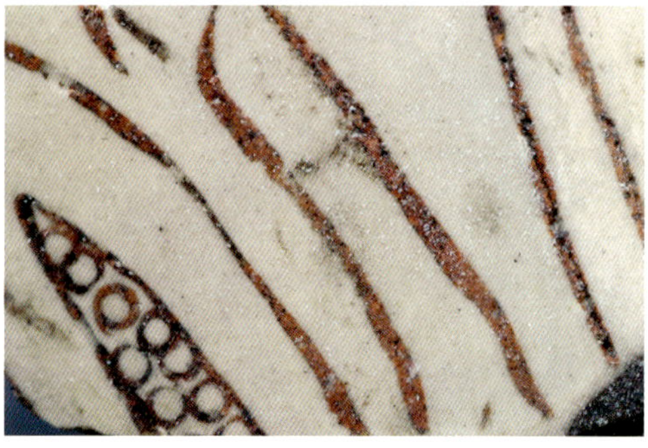

▲图 6-4　蕉叶纹珍珠地划花瓷器　宋代

构图

一、繁复。珍珠地划花瓷器构图以繁复为主，简洁者少见，画面留白一般都比较小，如珍珠地划花瓷枕面可能多是四周边沿留白，其余留白的地方很少，其他器物造型纹饰多也是这样。不同时代和窑口的珍珠地划花瓷器在构图上差异性不大，珍珠地划花瓷器上的图案都是异常的繁缛，花卉纹加上无数的珍珠地纹，将整个画面渲染成了一片华美的乐章（图 6-5），寥寥几笔勾勒而成的图案在珍珠地划花瓷器之上大有一去不复返之感。鉴定时应注意分辨。

▲图 6-5　珍珠地划花瓷枕　宋代

▲图 6-6 相映成趣蕉叶纹珍珠地划花瓷器标本 宋代

二、对称。珍珠地划花瓷器在构图上极为讲究对称，这种对称体现在纹饰的每一个细微之处，珍珠地纹之间存在着对称，每一个珍珠地纹之间都存在着对称的关系，但不是绝对意义上的对称，而只是大致的、通体层面上的对称。珍珠地与花卉纹之间明显存在着对称关系，只不过是这种对称较为隐蔽而已，珍珠地纹显然相对划花纹存在，而同样花卉纹也是相对于珍珠地纹而存在，其实这就是一种对称，在这种对称思想的指导之下珍珠地和刻划花卉纹完美地融合在了一起，相映成趣(图6-6），就像山和水的关系一样，山水相依不分离。因此我们知道几乎所有的珍珠地划花瓷器都是讲究对称的。

线条

珍珠地纹由于都是一个个的圆圈组成，所以不存在线条的特征，所谓的线条，只体现在珍珠地划花瓷器的划花的部分，在线条上具有鲜明的特征，主要有以下几个方面：

1、流畅自若

2、刚劲挺拔

第一点流畅性上，珍珠地划花瓷器线条相当流畅，犹如江河奔流而下，宛如行云流水般自若，线条不畅的情况很少见，这一点上贯穿于整个珍珠地划花瓷器的始终，也体现在不同的窑口，但最好的应该是登封窑烧造的珍珠地划花瓷器。

第二点刚劲挺拔上，几乎所有的珍珠地划花瓷器在线条上都是刚劲挺拔（图6-7），看起来非常的苍劲有力，几乎不见软绵绵的纹饰出现，这说明珍珠地划花瓷器虽然是以纹饰取胜，对待纹饰特别认真，几乎没有见过敷衍的现象。在时代上珍珠地划花瓷器线条刚劲程度基本相当，没有过于复杂性的特征。鉴定时注意分辨。

▲图 6-7　刚劲挺拔珍珠地划花纹瓷器标本　宋代

饰纹方法

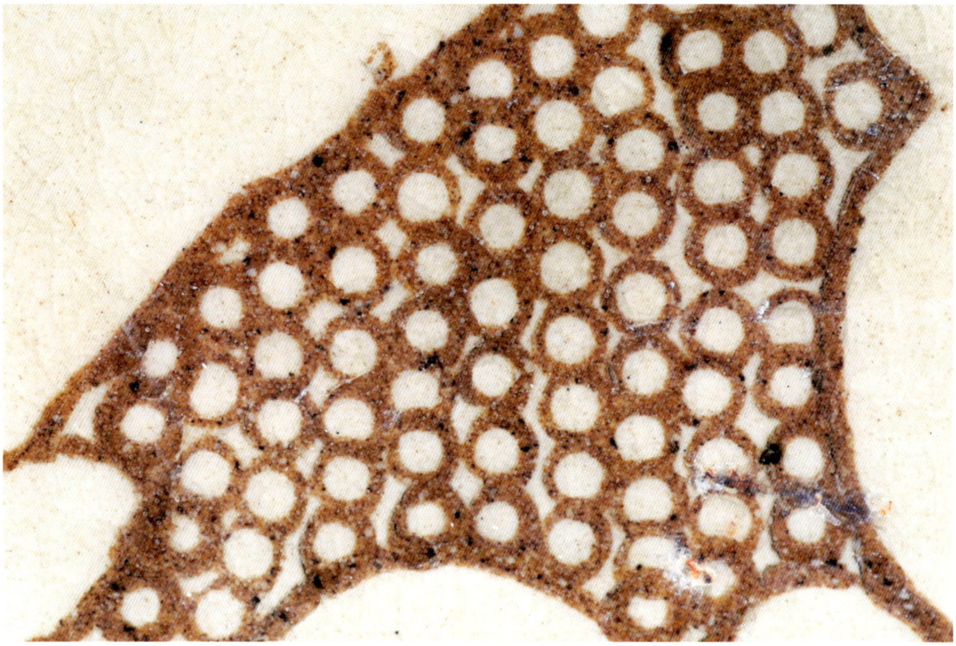

▲图 6-8　戳印珍珠地纹瓷器　宋代

珍珠地划花瓷器在装饰纹饰方法上完全突破了传统的以刻划花为主的技术，主要是在白色的化妆土上，用戳印珍珠地纹为地，将划花纹饰图案以外的部分都用珍珠地纹装饰，营造的是一个繁华锦绣的画面（图 6-8），用简单的花卉纹抽象生活的任何事物，具有高度的概括性，最好罩上一层透明釉，一次烧造而成，实际这是较早的中国抽象写意画，最大限度地突破了传统，核心内容为深度民窑，它本身不受任何束缚，所受传统影响很小，而且这样做既创造了一个宏大的场面，戳印又节约了成本，于是珍珠地划花瓷器毫不犹豫地选择了这一饰纹方法，而且一直未曾改变，在唐代产生后直至元代都是这样。鉴定时注意分辨。

饰纹部位

珍珠地划花瓷器在饰纹部位上特征比较明确，从宏观上看可以分为通体饰纹和局部饰纹。通体装饰纹饰的情况只是偶见，从总量上看，几乎可以忽略不计。主要以局部饰纹的情况为多见，珍珠地划花瓷器局部装饰饰纹的现象比较常见，如口、唇、沿、肩部、腹部、枕面、枕壁等都有见饰纹（图 6-9），但一般情况下珍珠地划花瓷器局部饰纹与造型有着密切的关系，珍珠地划花瓶只在外壁装饰纹饰，因为在内壁装饰纹饰是没有意义的，而像珍珠地划花瓷枕一般都是在枕面装饰纹饰，有的也在枕的四壁装饰，但这种情况明显比枕面装饰纹饰少，底部多无纹，因为作为实用的枕，枕面是人们就寝时经常接触到的部位，所以比较重视，装饰上了华美的纹饰。道理就是珍珠地划花瓷器在饰纹上受到诸多情况的制约，如造型、功能等诸多方面的因素，显然这些因素之间是一个联动的过程。从时代和窑口上看，各个时代和窑口的珍珠地划花瓷器在饰纹部位上没有过于复杂性的特征，而是较具均衡性。鉴定时要注意这种规律化的特征。

▲图 6-9　仅枕面饰珍珠地划花纹瓷枕　宋代

纹饰功能

珍珠地划花瓷器纹饰图案功能具有鲜明的特征，华美、繁华、锦绣的繁复画面很明显所要营造的视觉效果在功能上就是以装饰为首先目的（图 6-10），但良好视觉效果的营造，显然最明显的目的还有一个，就是销售的需要，而销售商品的前提必须是有用的，所以实用性也是其重要的的功能之一，因此珍珠地划花瓷器在功能上至少具有两个重要的特征，一是装饰性的，二是实用性和装饰性的融合。纯装饰性的珍珠地划花瓷器如瓶，功能就是为了陈设装饰的需要，当然这种产品可销售性的支点就是本身装饰性就是它的唯一实用性。实用性和装饰性的融合显然是珍珠地划花瓷器的又一大功能性特征，这类器物较为典型的如珍珠地划花瓷枕，瓷枕的功能自然是实用，是人们就寝的寝具，实用性特别强，但其装饰性功能也不弱，在枕面上大多装饰着繁花似锦的纹饰，有的枕的四壁也装饰着纹饰（图 6-11），使人

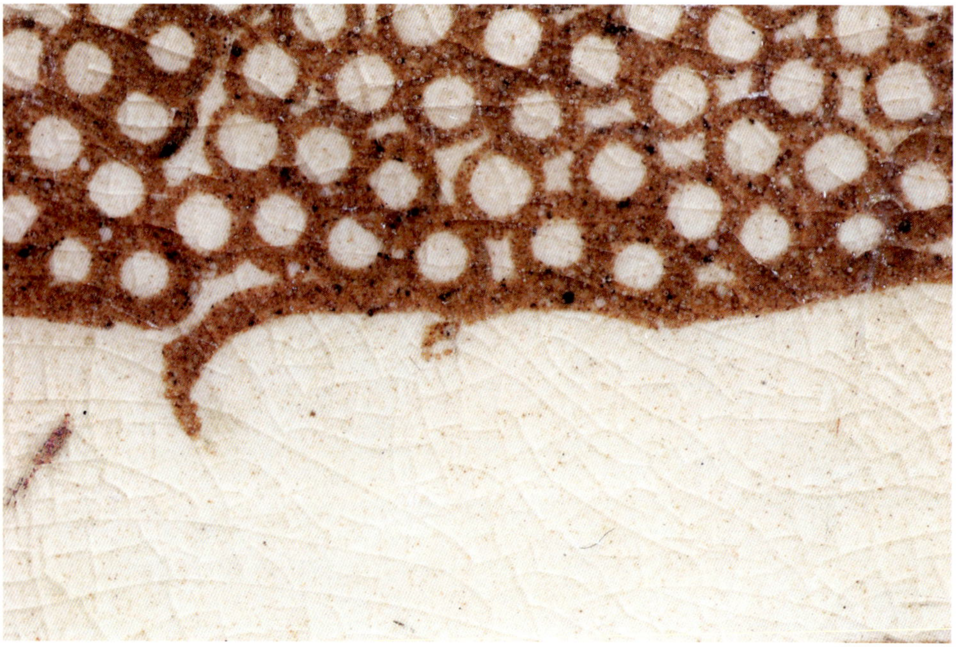

▲图 6-10　珍珠地划花瓷器　宋代

▲图 6-11　珍珠地划花福德瓷枕　宋代

▲图 6-12　珍珠地划花瓷枕标本　宋代

明显地感觉到是在装饰，是在增强瓷枕的美感。显然在这里珍珠地划花瓷枕实用与装饰的功能完美地融合为一体，人们或许寄予了瓷枕人生美梦的开始。不同时代和窑口的珍珠地划花瓷器在功能上特征基本相似，具有相当的均衡性特征（图 6-12）。我们在鉴定时要注意分辨。

第七章 价值判断与收藏保养

背景信息： 历经千年之久的珍珠地划花瓷器主要具有三大价值，一是研究价值、二是艺术价值、三是经济价值，这三个方面的价值互为评判的基础，相互支撑，密不可分。在现代社会仍然有着重要的作用。

鉴定要点：

研究价值

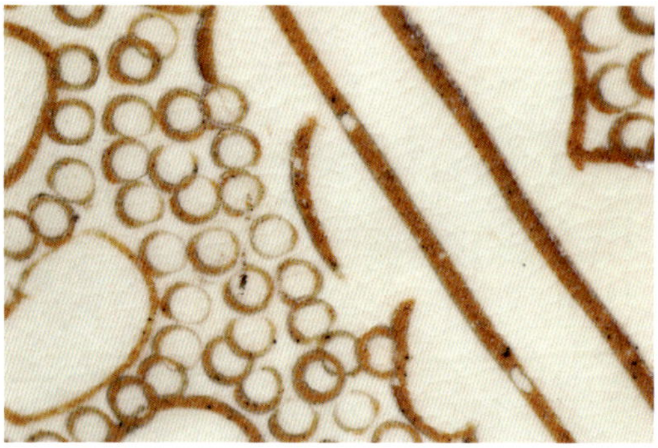

▲图 7-1　研究价值较高的珍珠地划花瓷器　宋代

珍珠地划花瓷器无疑具有较高的研究价值，在珍珠地划花瓷器之上蕴涵了大量的历史信息（图 7-1），工艺、造型、胎釉、纹饰图案等，作为一个深度的民间窑场生产的瓷器，珍珠地划花瓷器力求完美，追求精致，这一点与其他的民间窑场瓷器大为不同，但它同时必须还要迎合民间需要，就是在成本上必须进行有效控制，珍珠地划花瓷器在成本上进行控制主要有三点，一是在釉层上变得更为稀薄，这样进一步控制成本。二是原料的选择上并没有使用最为精致胎料。三是在纹饰上大量使用了戳印纹填补了划花所造成的留白，使整个纹饰图案变得华丽和繁复（图 7-2）。但制作这样的纹饰所付出的努力显然比纯传统的刻划纹要小得多，这样极大地节省了成本。在纹饰题材上固定化的趋势也比较明显，主要以珍珠地和各种花卉相互进行组合，少量的龙纹和人物等，可谓是无所不包，无所不有，反映的是人们在不同时代现实生活中的点点滴滴，蕴涵着不同时期民间生活的大量历史信息。使我们通过珍珠地划花瓷器就可以了解到已经逝去的时代，并复原历史。另外珍珠地划花瓷器自身烧造工艺等诸多信息，而揭示这些信息无疑对现代文明及艺术灵感是一个巨大的推动，这意味着我们的现代文明

▲图 7-2　珍珠地划花瓷器标本　宋代

不是原点起步，而是站在历史之上在前行，是一个延续的过程，如珍珠地划花瓷器众多的纹饰技法，这对于当今绘画艺术都有重要的帮助（图 7-3）。另外对于珍珠地划花瓷器釉质、胎质、造型等诸多特征的研究，最直接的用处就是衍生出诸多的鉴定依据，从而帮助人们对于留存到今天的珍珠地划花瓷器进行鉴定。在数量上，由于珍珠地划花瓷器在历史上为人们日常生活用品，是不同时代每一个人都在使用着的产品，所以在总量上特别大，对这些海量的信息进行分析，必将帮助我们认识历史，展望未来，具有重要意义，有着不可替代的作用，具有很高的研究价值。总之，珍珠地划花瓷器的研究对于诸多学科都有直接的价值，如美学、美术学、哲学、历史学、考古学、文物学、人类学、博物馆学、材料学以及绘画、雕刻等。

▲图 7-3　珍珠地划花瓷器标本　宋代

艺术价值

珍珠地划花瓷器在艺术上的价值相当高（图7-4），艺术价值是珍珠地划花瓷器高贵与生俱来本质特征，珍珠地划花瓷器与众不同的使用戳印纹将图案纹饰以外的地方全部打满，烧成之后，给人以异常华美之感，这些都给人们以无限想象的空间，真正是来源于生活的艺术，这些纹饰体现着宋代那个令人神往时代的点点滴滴，而这正是艺术家们所需要的。由此可见，对于珍珠地划花瓷器的研究具有相当现实的意义。当然珍珠地划花瓷器的艺术价值也较为复杂，下面我们具体来看一下：

▲图 7-4　珍珠地划花瓷器标本　宋代

1、造型。珍珠地划花瓷器在造型艺术上并不是人们的最爱，但也达到了相当高的水平，珍珠地划花瓷瓶、枕等都显示了高超的造型水平，不仅仅是造型隽永（图7-5），而且在造型上变化还很复杂，如珍珠地划花瓷枕在造型上圆腰枕、束腰枕、正方形枕、长方形枕、如意枕等都有见，造型多变，倾尽所能，力求打造的尽善尽美，显然珍珠地划花瓷器在造型上是成功的，体现了质朴之美，简洁之美，矫揉造作的造型几乎不见。从纹饰与造型结合性上看，珍珠地划花瓷器纹饰基本上跟着造型走，纹饰多选择了大面积的作画空间，如枕面、瓶外壁等部位都是珍珠地划花经常选择的地方，原因很简单，就是因为这些大面积作画空间适合珍珠地划花纹饰描绘大的场景和华丽的场面，发挥珍珠地戳印的优势，看来珍珠地划花瓷器在造型和纹饰的结合上真的是非常紧密，互为补充，互为依托，巧夺天工，具有较高的艺术成就。从时代和窑口上看，珍珠地划花瓷器在不同时代和各窑口之间的造型艺术相对稳定。鉴定时应注意分辨。

2、釉质。珍珠地划花瓷器显然并非以“釉质取胜”，但釉质却是珍珠地划花瓷器在艺术价值上的又一亮点，这一点特征很鲜明，只罩一层透明釉的珍珠地划花瓷器的釉质，目的只是为了达到可以使人们的视线毫无障碍地观测到珍珠地划花的图案，以及稀薄的釉质可以节约成本，按常理讲达到这两个功能就可以了，特别是对于民窑瓷器而言更是这样，然而珍珠地划花瓷器显然并没有放松对于釉质的精益求精，或许珍珠地划花瓷器在釉质上由于成本的限制可能达不到透明釉的标准，在釉色上还有诸多的衍生色彩，如雪白、灰白、黄白等，但珍珠地划花瓷器在釉质上绝对是最匀净的，几乎不见杂质，釉面开片也控制得比较好，大的开片纹几乎不存在，多为一些细微的开片纹，釉层相当的均匀，釉质细腻，滋润，闪烁着非金属的淡雅光泽（图 7-6）。具有相当的艺术成就。

3、纹饰。珍珠地划花瓷器纹饰犹如一个艺术的宝库，取之不尽，用之不竭，珍珠地划花瓷器一改传统简洁之风尚，试图将繁复的纹饰技法引入瓷器之上，珍珠地划花瓷器纹饰借助戳印的珍珠地，结合传统的刻划纹，将珍珠地划花瓷器引向繁复的视觉效果，显然珍珠地划花瓷器成功了，因为艺术在有的时候是非理性的，它

▲图 7-5　造型隽永的珍珠地划花瓷枕　宋代

▲图 7-6　精美绝伦的珍珠地划花瓷器标本　宋代

更需要的是结果，结果辉煌（图 7-7），更胜似过程，显然珍珠地划花瓷器在纹饰上的艺术成就核心就是这样。为了达到这一艺术效果，珍珠地划花瓷器在纹饰的成纹上进行了全面的革新，颠覆了传统，它是先在化妆土上刻划出纹样，如花卉、人物等，再在图案以外的空隙处戳印出珍珠般的小圆圈，之后用一种橙红色的粉末在纹饰上蹭擦，粉末落下嵌入凹处，最后罩透明釉一次烧成，这样呈现出图案的颜色就是橙红色，一种美丽的色调。它对于传统的颠覆在于实际上珍珠地划花瓷器在纹饰上是更换了一个概念，就是所有的纹饰都必须是刻划而成，其实戳印和模具而成

▲图 7-7　珍珠地划花瓷器　金代

的纹饰也是相当漂亮，这一理念在宋代得到认可，于是戳印的珍珠地划花和印花纹饰发展很快，这种纹饰之风尚比较适合民间窑场的烧造，因为其可以节约大量的成本，又可以制造出一场繁华的视觉盛宴（图 7-8）。所以珍珠地划花瓷器自北唐晚期代开始尝试，从此一发不可收拾，北宋时期各个窑口的烧造基本上都达到了鼎盛时期，这从一个侧面也说明了人们对于珍珠地划花瓷器的认可程度，所以才有了如此快的发展速度。珍珠地划花瓷器纹饰寓意深刻，来源于生活，是对生活的高度总结和概括。虽然题材不是很丰富，但层次分明，构图合理，线条流畅，刚劲有力，件件都是精绝之作，给人们以无限的启迪，其艺术价值和内涵更加悠远和绵长。因此珍珠地划花瓷器无论给予哪一个时代的艺术贡献都是巨大的，无疑对于我们今天也具有重要的现实意义。

▲图 7-8　华美视觉盛宴珍珠地划花瓷器标本　宋代

经济价值

珍珠地划花瓷器虽说是出身民窑，由于烧造水平很高，除了在胎体选料上出于成本的限制外，在其他方面则都是精益求精，如淘洗精炼、胎体异常规整、纹饰线条流畅、苍劲、挺拔，珍珠地布满画面，营造出了华美的乐章（图 7-9），这一切都使得珍珠地划花瓷器具有了较高的研究价值和艺术价值，而在研究价值和艺术价值的基础之上则必然会产生经济价值，二者的关系是相辅相成，缺一不可的。研究价值高的珍珠地划花瓷器艺术价值高，艺术价值好的珍珠地划花瓷器自然也具有较高的经济价值，而研究价值和艺术价值俱佳的珍珠地划花瓷器经济价值则必然高，反之亦然，整体来看显然呈正比。然而这只是理论上的价值，在现实生活中这种价值体现有时表现的并不是那么如意，而且时常还会出现一些倒过来的现象，但对于珍珠地划花瓷器而言这种情况是不存在的，因为珍珠地划花瓷器多数都是相当的精致，属于精致瓷器的范畴，其经济价值一般都比较高，特征也较为简单，鉴定时我们要注意分辨。但珍珠地划花瓷器除了一般性规律之外，还受到诸多因素的影响，具体我们来看一下：

▲图 7-9　华美乐章珍珠地划花瓷枕　宋代

▲图 7-10　略有裂缝珍珠地划花九天玄女纹瓷枕　宋代

1、品相。珍珠地划花瓷器在品相上不是太好，有三个原因，一是深度民窑产品，是老百姓每天都在使用的产品，所以磕碰痕迹等常见，残损的也比较严重（图 7-10）。二是在漫长的岁月长河之中残损的，一般情况下一旦有残损都会比较严重，很多情况下都碎成了碎片。三是珍珠地划花瓷器的器物造型以瓶、枕等为多见，而瓶是大型器皿，在墓葬和遗址中不易保存，特别是在遗址当中非常不利于保存，几乎没有完整者。瓷枕的造型是中空的，造型相对也比较大，这样的器形也是相当不利于保存。这几种情况导致珍珠地划花瓷器在品相上整体不太好，品相好的珍珠地划花瓷器比较少见，多为墓葬中有出土一些，但也正是因为如此，以及“物以稀为贵”的价值规律，造成了品相好的珍珠地划花瓷器经济价值特别高，多是拍卖场上的宠儿。鉴定时要注意分辨。

2、精致程度。珍珠地划花瓷器从整体上看显然可以划分为精致、普通、粗糙三个等级，但这只是理论上的，从发掘的情况来看，珍珠地划花瓷器由于做工比较精细，绝大多数瓷器都是精美绝伦之器，以精致瓷器为显著特征（图7-11）。普通和粗糙瓷器的数量在民间窑场中的数量首次破天荒地小于精致的珍珠地划花瓷器，这其实是一个了不起的创举。而且这种状况并没有因各个窑口的不同而改变，保持了稳定的状态。因此精致珍珠地划花瓷器在精致程度上都极高，同时也决定了珍珠地划花瓷器在经济价值上都比较高，而且相对稳定。由于精致珍珠地划花瓷器研究价值、艺术价值俱佳，所以收藏它的人也趋之若鹜（图7-12）。特别是近年来这种情况更是日盛一日，收藏到完好的珍珠地划花瓷器其实并不容易，所以如果见到珍珠地划花瓷器集中出现的情况应该提高警惕，先辨明真伪。

3、残件。千年的岁月长河使珍珠地划花瓷器经历了太多的磨难，留存到今天的珍珠地划花瓷器大都变成了残件，特别是城址或者窑址之上散落的成千上万的都是残片，而这些残件究竟有没有经济价值呢？回答是肯定的，有，因为无论一件器物怎样残缺，哪怕只剩下指甲那么大的一块，但只要是真正的历史遗物，就一定还会具有研究和艺术价值，只不过是价

▲图7-11　精致珍珠地划花瓷器标本　金代

▲图 7-12　精美绝伦珍珠地划花福德瓷枕　宋代

值的高低而已。所以都有经济价值，但是否都具有价格就不一定了，如在经济落后的时期，别说是残器，就是完整器皿都不会有人问津；但是如果是在收藏盛世，碎片都有可能价值几何（图 7-13），主要看周围环境对其的影响。盛世收藏，特别是近年来随着人们对珍珠地划花瓷器认识的加深，由于珍珠地划花瓷器完整器皿太少，所以一些残瓷也被推向了前台，有一些拍卖行已经开始拍卖一些珍贵的残瓷。由此可见，珍珠地划花瓷器残件也是有经济价值，而且在今天也是有价格可循的，但不是说所有的珍珠地划花残件，甚至残片都是有价值的。关键要看它所反映的研究和艺术价值的高低，如果残存的部分不能说明任何问题，那么其经济价值可能就会大为降低。鉴定时应注意分辨。

▲图 7-13　珍珠地划花瓷器标本　宋代

收藏保养

珍珠地划花瓷器在历经千年之后已是十分脆弱（图 7-14），不堪再受到任何伤害，有时一个小小的伤害就有可能使其开裂，所以当您收藏到一件满意的珍珠地划花瓷器之后，一定会特别注意到它的保养，虽然珍珠地划花瓷器在自身保养上具有很多先天优势，比如硬度大、不吸水、胎体略厚、坚固异常等特点，在各类收藏品当中属于容易保养的类别，但珍珠地划花瓷器与其他瓷器，如青瓷和白瓷、青花瓷、白釉画花瓷器等又有所不同，主要原因是器物造型相对而言过大，如，瓶、枕等，而且如枕的造型又是中空，所以非常容易受到伤害，变得不再具有收藏价值，在现实中很多收藏者都遇到过这样的事情，所以对珍珠地划花瓷器的保养，是每一个收藏者都要特别重视的。下面具体来看一下：

▲图 7-14　珍珠地划花牡丹纹瓷枕　宋代

1、防止磕碰。对于珍珠地划花瓷器而言，由于器物造型比较大，所以一般情况下都有一定的重量，所以切忌随意搬动（图7-15），一定要轻拿轻放，切勿敷衍，不要随意去触摸珍珠地划花瓷器，像博物馆内的很多藏品多年都不随意移动，这才是保护的最好办法，之所以墓葬当中随葬的许多器物历久如新，保存得很好，显然是在千年的岁月长河之中都没有被移动过的缘故，因此在没有预案的情况下一般不要随意移动珍贵文物。这一点在保养珍珠地划花瓷器时要特别注意。

▲图 7-15　珍珠地划花瓷器　宋代

2、科学清洗。清洗是人们在收藏到的珍珠地划花瓷器之后的第一步，一是可能上面有泥土未清除干净，影响观瞻；二是因为过手太多，所以为了清洁的缘故，有许多藏家可能会选择清洗。　但无论您出于何种原因来清洗珍珠地划花瓷器，都要非常细心，不然是一件很危险的事情，虽然珍珠地划花瓷器精致程度比较高，釉面完全烧结，不吸水，是各种瓷器中比较容易清洗的一个品类，起码要比白釉画花瓷器好清洗，但越是这样越不能大意，因为这些历经千年的瓷器有的时候透明釉有开裂的情况，这样就会损害到釉内戳印的珍珠地或者是划花纹饰，也容易渗透到化妆土上而使其浑浊，所以不要随意清洗，在清洗之前要先看一看珍珠地划花瓷器釉面的整体状况是否为良好，如果不是很好，千万不要随意下水（图 7-16）。如果确定很好，可以使用无菌的纯净水进行清洗，而不是自

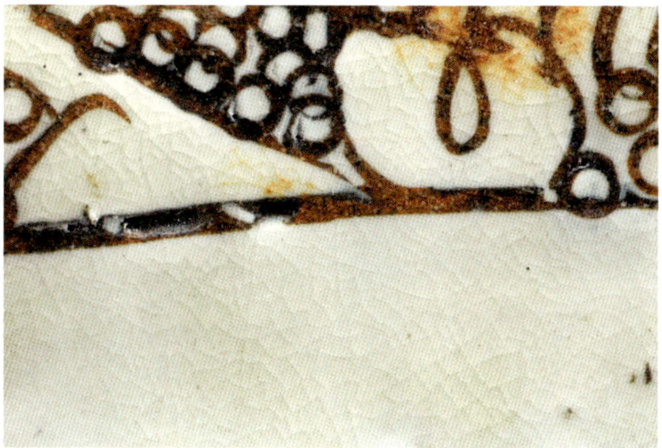

▲图 7-16　珍珠地划花瓷器　宋代

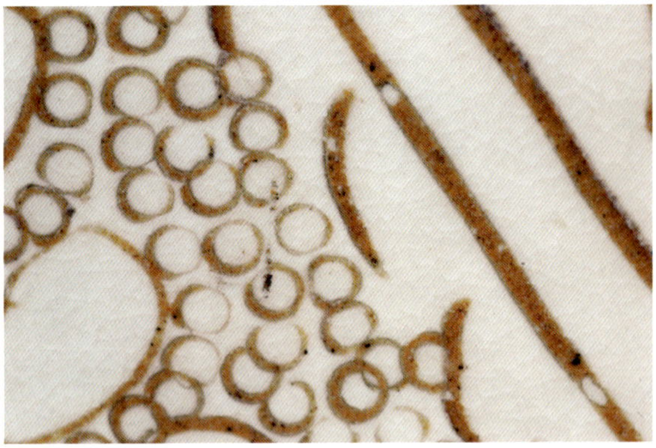

▲图 7-17　珍珠地划花瓷器　宋代

来水，以避免产生反应。这是本书建议非专业的收藏者，如果没有专业的知识，最好请文物修复人员来清洗。另外，清洗干净之后，要用酒精棉一点一点地擦干，而不是使用普通的抹布。

▲图 7-18　珍珠地划花瓷器　宋代

3、擦拭与剔蚀。珍珠地划花瓷器的平时保养要注意擦拭表面浮尘，不要等积累很多，或者再形成油腻之后再清洗，这是不科学的，所以要经常注意擦拭。通常人们多用普通抹布进行擦拭，这是不科学的，而使用酒精棉球工序又过于繁复，所以一般使用的都是鸡毛掸子，用鸡毛掸子轻掸就可以了，但掸的时候也要小心翼翼，以免发生危险，或者是不小心就会伤害到珍珠地划花瓷器的釉面，不要交给没有使用鸡毛掸子经验的人来做这项工作，最好是专业保管人员。再者对于珍珠地划花上的土蚀也不要随意地剔除，用手抠、搓等行为都是不允许的，土蚀如果不严重，确有把握的情况下可用牛角刀试探性剔除（图 7-17），如果不行，不要强行剔除，更不能用机械强行剔除，以免伤及釉面。

4、相对温度。通常珍珠地划花瓷器在相对温度上的要求与普通瓷器类似，因为其釉面已完全烧结，密闭性比较好，所以保存相对容易一些，起码比白釉画花瓷器要容易些，但在相对温度要求上还是比较高，一般相对温度要控制在 45 摄氏度以下，最高温不要超出 55 摄氏度（图 7-18）。因为这个时候一些热溶条可能会融化，如果以前是经修复过的瓷器很有可能会重新开裂。

5、相对湿度。珍珠地划花瓷器尤其要注意控制好相对湿度，这一点尤为重要，一般应该控制在 50% 左右。不能过高或者过低，如果相对湿度过高，湿度大多会产生一些水雾，这些水气对于曾经受到过伤害的有裂缝的胎体，水就会顺着裂缝渗透进去，一旦温度控制不好，比如说达到零度以下，就是结冰，张力增大，瞬间就可以使瓷器自然开裂，造成进一步地残缺。

关于珍珠地划花瓷器收藏保养知识比较多（图 7-19），如何选择是一个大问题，其实这些知识无所谓重要与不重要，主要是根据收藏者自身条件和需要而定，原则是有用的就是重要的，这也是本书的为难之处，但最终本书还是选择了一些与收藏者紧密相关的，试图让一个从未有过瓷器保养经验的收藏者，能够了解一些关于珍珠地划花瓷器保养的基本知识，以确保收藏品不受到伤害，过于专业的内容在这里不涉及。

▲图 7-19　珍珠地划花牡丹纹瓷枕　宋代

下篇

绞胎、三彩

第一章 综述

数量

绞胎、三彩是中国古代最主要的日用瓷和艺术品，墓葬和遗址当中都有见（图 1-1），从件数特征上看，墓葬出土多为 1 到 2 件，遗址出土以窑址和城址为主，窑址内出土数量有时多达数百件，城址内出土绞胎、三彩釉器皿的数量较少，　在一些古城内出土上万件的瓷器标本中，可能只有数十件是绞胎、三彩釉器皿，由此可见，绞胎、三彩在总量不是很大。从

▲图 1-1　精美绝伦的绞胎瓷罐　唐代

▲图 1-2　犹如行云流水般绮丽纹饰的绞胎瓷枕标本　唐代

窑口上看，以巩县窑所生产的绞胎、三彩为主，以及受到此窑影响的其他诸多窑场的生产为多见，如山西浑源窑就有见绞胎瓷器的生产，陕西铜川窑也有三彩器皿的生产等。从时代上看，唐、宋、辽、金、元等历史时期都有见绞胎、三彩釉器皿（图 1-2），但对于三彩器皿而言，可能多只是在唐宋、辽金时期比较常见，而在其他历史时期比较少见。这一点我们在鉴定时应注意分辨。

品相

绞胎、三彩由于距离今天较为久远，中国古代绞胎、三彩在品相上表现出来的是参差不齐，遗存到今天的绞胎、三彩器皿既有完好无损、精美绝伦之器，更有残缺不全、损失严重者，只有少量绞胎、三彩器皿经受住了岁月的风雨浮尘的考验，今日呈现在我们面前。从数量上看，精致器皿多以墓葬出土为主，通常人们对于下葬使用的明器较为考究，特别是对于三彩器皿更是这样，因为三彩本来就是专有下葬的明器，普通和粗糙者偶有见。总之，残缺与精致者相比，残缺的器皿占多数。看来遗留到今天的绞胎、三彩虽多，但品相优的完整器却稀少，所以绞胎、三彩藏品应以品相好的精品为主体（图 1-3），其保值功能和升值的潜力巨大，即使普通甚至粗糙的绞胎、三彩器皿，只要品相好，同样具有较强的收藏价值。而残缺的器皿，其价值就会大打折扣，因为瓷器最讲究的就是品相，过去有“瓷器发毛分文不值”之说，就是说瓷器在品相上不能有一点点的擦伤和磕碰。当然随着人们审美观念的改变，以及残缺绞胎、三彩所拥有的科研、艺术等价值的客观存在，近些年来绞胎、三彩残瓷也在逐步被人们认可，在精品和完整器皿被收藏怠尽的今天，品相有问题的绞胎、三彩器皿正在从幕后走向台前。由此可见，在盛世收藏的今天，传统的绞胎、三彩品相观也正在经历巨变。相信绞胎、三彩甚至是残件，也会具有较高的收藏价值，未来会具有更大的升值空间。

▲图 1-3　精美绝伦的三彩施半釉罐　唐代

胎色

▲图 1-4　橙红胎三彩瓷瓶　唐代

绞胎、三彩在胎体色彩上异常复杂，常见的胎色就有橙色胎、黄胎、红胎、灰胎、白胎、褐胎、黑胎、粉红胎、白褐胎、白褐黑相间胎、褐红相间胎等等（图 1-4），可见其胎色种类繁多，其中绞胎在色彩上最为复杂，多数为相间胎色，如白褐相间胎、白褐黑相间胎、褐红相间胎等多在绞胎瓷器上出现，三彩胎色相对来讲比较稳定，以白、灰白、橙色为显著特征，胎色在鉴定上具有重要的作用，因为从胎色不仅可以直接剥离出诸多的鉴定依据，而且可以反映出瓷器品质的优劣，如山西浑源界庄窑生产的绞胎瓷器真正胎色纯白者不多，而河南巩县窑生产的绞胎瓷器在色彩上纯度较高，由此可见，巩县窑生产的绞胎瓷器普遍比其他窑场产品要精细。三彩基本上也表现出了这样的特征，在选料及淘洗等诸多特征上是异常考究，从发掘出土绞胎、三彩胎体的横截面上看，胎色以白、灰白为主要特征（图 1-5），不稳定的情况很少见，而对于其他烧造绞胎、三彩胎体的窑场而言，其所生产的产品在胎色上则容易发生串色和偏色等现象，如白胎泛黄、白、粉红相间色、白褐胎等都有见。当然绞胎、三彩胎色所反映出来并不仅仅是窑口特征，不同时代的绞胎、三彩在胎色上也有所不同，但这种区别通过实物观测不是很明显，可见绞胎、三彩在胎色上是传承有序。而这些时代和窑口上纷繁复杂的胎色特征，在客观上显然已经成为重要的鉴定依据，可以用来判定时代、辨别真伪、评判价值。而在本书中将专门使用一个小节来对绞胎、三彩胎色特征进行阐述，以期能够帮助读者打开胎色鉴定的法门。

▲图 1-5　灰白胎三彩釉标本　唐代

釉色

绞胎、三彩以釉色取胜的倾向很明显，其釉色就如同一个复杂的集合体，异常繁复，常见的绞胎、三彩釉的色彩很多（图 1-6），有黄釉、淡黄釉、绿釉、白釉、蓝釉等，由此可见，在色彩上以鲜亮的色彩为基本色调，将灰、黑等色调基本排除在外。而三彩釉在色彩上也并非如其名字那样的是三种釉，而是有时也见单色釉，如绿釉、黄釉、蓝釉等，但多数时候是诸多釉色融合在一起，人们泛称为三彩釉。由此可见，绞胎及三彩釉色的纷繁程度。而这些繁复的色彩显然成了众多鉴定的依据，我们可以根据这些不同的釉质特征，剥离出大大小小的鉴定依据。而本书将会从时代、窑口等多个方面来揭示绞胎及三彩的釉色（图 1-7），并设计了大量图文的互动，进行详细的论述，希望能够使读者游刃有余地进行对比鉴定。

▲图 1-6　浅淡黄釉绞胎瓷枕　唐代

▲图 1-7　绿釉绞胎瓷枕标本　唐代

窑口

绞胎、三彩在窑口上具有鲜明的特征，绞胎主要是由河南巩县窑、山西浑源窑、陕西黄堡窑、河南修武当阳峪窑等诸窑场在生产，但绞胎釉创烧成功于河南巩县窑，其他说法也有，但似乎都无法取得共识；三彩烧造的窑场主要为陕西铜川窑和河南巩窑，由此可见，巩县窑创烧了绞胎和三彩烧釉器皿，这是绞胎、三彩釉器皿在窑口上的一个重要特征，在烧造技术上等方面的成就无匹敌者。绞胎、三彩釉在唐代烧制成功后，立刻受到了人们的青睐，发展迅猛，传遍大河上下、大江南北，虽然有很多窑场都在仿烧绞胎及三彩釉器皿，但从实物上看仿的多是不得大意，原因就是它们太难以把握了，就好像只有巩县窑这样的窑场才能驾驭（图 1-8），从瓷器史的角度来看，绞胎、三彩釉器皿没有像定窑那样形成巨大的窑系，主要以自身窑场自产为主，通过长途运输销往全国各地，因此今天我们发现的许多绞胎、三彩釉器皿，实际上它们的故乡都是来自河南巩县窑。但遗憾的是绞胎、三彩虽辉煌、流光溢彩，但只限于唐宋时期，在宋元时期之后绞胎、三彩技术失传，从此人们再也没有能够烧造出那令人神往的颜色。由上可见，鉴定时要首先了解窑口，因为只有将绞胎和三彩纳入窑口之内来讨论，才能了解它们。鉴定时应注意分辨。

▲图 1-8　巩县窑绞胎瓷瓷标本　唐代

功能

绞胎、三彩功能十分明确，以实用、陈设、装饰、把玩等功能的结合为显著特征（图 1-9），纯粹作为日常生活用具的情况有见，但显然不是主流，如绞胎碗可以实用，但人们花费如此大的精力，来制作一件精美绝伦的绞胎瓷器绝不仅仅只是为了作为餐具，而是为了集聚装饰、把玩、甚至陈设的需要，是人们雅致生活的一种象征，这一点我们在鉴定时应能理解；中国古代三彩器皿更是这样，基本上都不实用，完全是为了满足人们对于艺术品内涵的需要。因而绞胎、三彩在人们生活中的功能显然是逐渐笼统化、艺术化了。由此也可见，绞胎、三彩的功能应该定位于它的非实用性，这如同一条法则，可以给千年之后的我们鉴赏绞胎、三彩提供无数揭秘的钥匙，如在艺术的角度上，绞胎、三彩虽然是人们日常生活当中的艺术品，但由于数量有限，实际上实用的功能有限，　这主要是由其成本的高昂性所决定的（图 1-10）。其次绞胎、三彩的重要特征就是陈设、装饰、把玩的功能，如三彩盒，小巧玲珑，釉质细腻，滋润，造型隽永，闪烁着淡雅的非金属光泽，而就是这样精

▲图 1-9　集陈设装饰实用为一体的绞胎瓷枕　唐代

▲图 1-10　绞胎瓷枕标本　唐代

美绝伦的器具，几乎完全拒绝了世俗的实用功能。但绞胎及三彩釉在功能上的特征并非是一成不变的，特别是诸多窑口的仿烧使得绞胎和三彩在功能上有复杂化的趋势，体现不同时代、精致程度、窑口等条件的限制下的生活，而本书试析了不同条件下的绞胎、三彩功能，相信对读者会有所帮助。

收藏保养

绞胎、三彩的保养是一个喜悦与沉重交织在一起的话题（图 1-11），喜的是我们收藏到了令我们心仪的文物而欣喜，可以随时、随地拿出自己青睐的绞胎、三彩器皿把玩、欣赏，忧虑的是担心瓷器被损坏，古玩界的一句老话可能始终萦绕在众多收藏者的耳边“瓷器发毛，分文不值”，的确如果一件瓷器损坏，哪怕只是一点点的瑕疵，都会使它的价值大打折扣，特别是经济价值基本上会化为乌有，当然更令人痛心的事情是，这些绞胎及三彩器皿历经了千年都没有损坏，而到了自己的手中却损坏了，这应该说是很遗憾的事情。那么如何解决绞胎、三彩的保养问题呢？本书总结了几点简单易行的方法：

▲图 1-11　精致三彩驼俑　唐代

1、防止磕碰

2、减少移动

3、相对温度

4、相对湿度

以上四点，在正文中会进行详细的论述，以及对各种可能发生情况的分析，不过绞胎、三彩的保养是一个相当复杂和科学的过程，并不是以上四点就能解决所有问题，以上是对于没有任何收藏保养经验的收藏者而言的（图 1-12），在现有的条件下如何度过保养这一难关，这是本书讨论的问题，相信这才是对读者最大的帮助，所以一些过于深邃的问题，或者是还处在研究阶段有争论的问题本书在这里就不涉及。总之，通过我们的努力使这些精美绝伦的绞胎、三彩器皿不受损，让这些历经千年风雨浮沉的珍贵文物能够继续穿越时空，这是我们共同的心愿。

▲图 1-12　亦真亦幻的三彩孩儿枕　宋代

第二章 完残

完好

中国古代绞胎、三彩中完好无损者有见，墓葬和遗址都有见，墓葬出土一般为 1 到数件，数量较多者有见数十件的情况，特别是在一些大墓当中发现数量比较多，如武则天的孙女永泰公主的墓葬当中就随葬了 100 多件三彩器皿，再如唐代高力士的墓葬当中也都随葬了较多的三彩器皿，所以三彩器皿一般不发现，一旦发现数量比较多，多是一些等级比较高的人的随葬品。绞胎瓷器的发现数量没有三彩多，通常墓葬当中多随葬 1 到几件（图 2-1），遗址当中也有出土，但出土数量有限，由此可见，中国古代绞胎及三彩釉的遗存显然以墓葬为显著特征。另外，从保存环境也可以看到这一点，墓葬当中由于有墓穴，只要在墓葬未经过损毁和巨大外力作用，一般情况下绞胎及三彩釉器皿都会保存的比较好，但是保存环境在窑址或是城

▲图 2-1　完好三彩武士俑　唐代

▲图 2-2　完好无损的三彩执壶　唐代

址之内的器皿，由于经历了历代地层的扰乱，完好无损者几为鲜见，这一点我们在鉴定时应该注意分辨。从时代上看，唐宋时期的完好的绞胎及三彩釉器皿在数量上比较少，这是因为绞胎及三彩在当时烧造的就比较少，遗留到我们今天的更少。从窑口上看，绞胎及三彩精致者基本上是以巩县窑生产为显著特征，偶见有小的窑场仿烧的器皿，但是在完残程度上多数以残缺为显著特征，完好无损的器皿非常少见，由此可见，中国古代的绞胎及三彩器皿虽然流光溢彩，亦真亦幻，但是保留到今天的完整器真的是太少了，偶见到有完整的器皿（图 2-2），我们应该很好的保护它，使它能够继续穿越时空，历久如新。鉴定时应注意分辨。

残缺

中国古代绞胎、三彩残缺的概念很容易理解，首先是有残器，而且有缺失，残缺的部分无法找到，这是一个综合性的概念。而且中国古代绞胎三彩残缺的情况比较复杂，从程度上可以分为轻微残缺和严重残缺两种情况。具体我们来看一下：

1、轻微残缺。轻微残缺的绞胎、三彩较为常见，如有足磕、口磕、划痕等（图 2-3），但整个器皿造型还是完整的，这样的造型残缺的情况我们称之为轻微残缺。从数量上看绞胎、三彩轻微残缺比较常见，但是与严重残缺的数量相比明显不占优势；从时代上看，轻微残缺的绞胎、三彩釉在时代上并没有过于复杂的特征，唐宋、辽金等不同历史时期都有见；从窑口上看，也没有过于复杂的特征，我们在鉴定时应注意分辨。

▲图 2-3　轻微残缺枕　唐代

▲图 2-4　严重残缺绿釉绞胎瓷枕标本　唐代

2、严重残缺。绞胎、三彩严重残缺的情况比较常见，这种情况就是墓葬和遗址当中都有见（图 2-4），但主要以遗址为显著特征，遗址窑口内严重残缺的器皿比城址要好一些，窑口内大多数都是有残缺的器皿，如碗的造型，有底、有口、有腹部、底足的情况，显然可以恢复其原有的造型，城址内的器皿由于受到土壤的叠压，完整器很少，残缺的情况通常也是比较严重，以片状的器皿为显著特征，而且有很多器皿仅残存的是口沿，而另外一些仅残存底部，多数器皿亦不能辨识造型。从时代及窑口上看，基本上也是这样，唐宋时期绞胎及三彩在这一点上基本上没有过于规律化的特征。鉴定时应注意分辨。

复原

中国古代绞胎、三彩器皿可复原的比较多，从概念上看复原顾名思义就是可以恢复原样有残器，在复原上主要有两个方面的内容：

自然复原

模具复原

自然复原主要是指有残缺的器皿，但是这些残缺的部分都可以找到，如墓葬当中器皿碎成了碎片（图 2-5），这些器皿只要我们按照文物修复的原则将它们拼合起来，就可以恢复原有的模样，这样的器皿以唐三彩的马、壶等为多见，通常可以自然复原的器皿多数在墓葬当中出土，虽然受到压力成为碎片，但这些碎片没有经过地层的扰乱，也就是都在一起，这样的器皿我们称之为自然复原，一般情况下自然复原的器皿多为考古修复，人们并不掩饰其修复的痕迹，如裂缝、胶粘等痕迹。鉴定时应注意分辨。

模具复原就是指有复原依据的复原器，如绞胎和三彩的碗，只要有底有口沿，从理论上讲都是可以将其复原的，一般情况下通过医用的打样膏打样，将原有的部分无限复制，在理论上就可以恢复造型，这样的复原完全是建立在科学的基础上的，因此是可信的。从时代和窑口上看，无论是自然复原还是模具复原，由于具有偶见性，所以规律性特征不是很强，我们在鉴定时应注意分辨。

▲图 2-5　自然复原三彩枕　唐代

缺失

缺失的概念比较容易理解，就是指中国古代绞胎、三彩器皿有残缺，但缺失的部分不能够找到（图 2-6），如碗、盘等器皿不能够找口沿、腹部以及底足衔接可复原的标本，这样的器皿也就成了有缺失的器皿，主要以城址为显著特征，基本上能够复原的器皿很少见；从时代上看，中国古代绞胎三彩器皿在缺失特征上各个时代特征基本都相似，没有过于复杂化的特征，反而是具有均衡化的特征；从造型上看，器物造型比较复杂的器皿缺失的情况容易形成，如唐三彩中的一些龙首由于造型难度比较大，所以一旦缺失很难复原。通常情况下大型和复杂的器皿缺失的情况很常见，而一些小件的器皿反而是保存了下来。鉴定时应注意分辨。

▲图 2-6　缺失的绞胎瓷枕标本　唐代

裂缝

▲图 2-7　三彩枕　唐代

中国古代绞胎、三彩中有裂缝的情况十分常见（图 2-7），裂缝的成因比较复杂，多数是由于外力作用的结果，使这个器物支离破碎，我们在复原过程当中会形成裂缝，这样裂缝的概念比较直观，也较为常见；还有一种就是受到外力的作用，但是未能够穿透胎体，很多这样的器皿常以完整器的姿态出现，殊不知在胎体上已是有了裂缝，只是我们的视觉观测不到而已，所以说从裂缝的成因上看主要有两个方面的特点，一是修复当中形成的裂缝，二是未穿透胎体的裂缝。特别是未穿透的裂缝有的又在不明显的地方，所以我们很难观测到，这样的话就给作伪者提供了一个很好的舞台，他们可以将这些有裂缝但未穿透的器皿拿出来，以次充好地兜售（图 2-8），而辨别它们的方法主要有两种：

一是听声音，完好无损的绞胎、三彩器皿叩之可发出清脆悦耳的金属声，而如果有裂缝的绞胎、三彩听起来声音则是沉闷和沙哑的，鉴定时注意分辨。

二是做检测，实际上有很多器皿将裂缝修复到我们用视觉完全观察不出来的水平，这样就需要用仪器来进行检测，所以通常一些较为贵重的器物要拿到实验室进行检测，特别是对以绞胎、三彩而言这一点显得尤为重要（图 2-9），因为绞胎、三彩的裂缝容易被掩盖。从时代上看，有裂缝的绞胎三彩时代特征很明显，唐宋时期最为丰富，元明时期次之，但从比例上看各个时期基本相当。鉴定时应注意分辨。

▲图 2-8　三彩枕　唐代

▲图 2-9　三彩枕　唐代

土蚀

中国古代绞胎、三彩有土蚀的情况有见，但在数量上并不是很丰富，墓葬和遗址当中有见，多为 1 到 2 件，可见从总量上看，有土蚀的三彩不占主流，但有一定的量。从概念上看，中国古代绞胎、三彩土蚀的概念非常明确，就是有一些土渍不能清洗掉，这样我们就认为是受到了土蚀，在形成的原因上主要与保存环境有着密切的关联（图 2-10），潮湿环境保存器皿在墓葬和遗址当中容易受到化学反应形成土蚀，但这种化学反应没有任何规律可言，不过一个好的保存环境，土蚀会比较轻微，如果保存不好的环境，土蚀的情况可能较为严重；在地域上，中国古代绞胎、三彩器皿有土蚀的情况主要以南方地区为显著特征，因为南方地区的土壤比较潮湿，

▲图 2-10　有土蚀三彩马　唐代

▲图 2-11　有土蚀三彩釉标本　唐代

墓葬保存环境多是在潮湿的土壤环境当中，遗址更是这样，所以在南方地区发现的绞胎、三彩之上土蚀情况往往是比较严重，北方地区在这一点上好得多，特别是河北、河南、山西、陕西等地区有土蚀的情况并不严重，这主要与这些地区的气候干燥，土壤保存环境比较好有关，因此从土蚀的程度上看，南方地区土蚀的程度往往比较严重，在器物表面容易形成较大的土蚀，而北方地区土蚀往往是比较轻微（图 2-11），有土蚀多是在局部、面积很小；从时代上看，有土蚀的绞胎、三彩在时代特征上不是很明显，唐、宋、辽、金时期都有见，从窑口上看也是这样，没有说那个窑口土蚀的情况较为严重，而那一个窑口的土蚀较为轻微的情况，只是从地域上看南北方地区的窑场有区别，但事实的情况是南方地区烧造绞胎、三彩釉的窑场几乎不存在。鉴定时应注意分辨。

磕伤

中国古代绞胎、三彩磕伤者有见，磕伤的绞胎及三彩釉器皿比较容易理解，顾名思义就是由于磕碰形成的各种伤痕，它的概念非常广泛，如口磕、足磕、腹部、沿部磕痕等，都属于磕伤的范畴，磕伤通常情况下以轻微为主，严重磕伤的情况有见，但数量很少；从数量上看，中国古代绞胎、三彩磕伤的情况的确比较多，墓葬遗址当中都有见，墓葬常见 1 到 2 件（图 2-12），遗址出土的情况比较多，数十上百件的情况都有见。由此可见，中国古代绞胎、三彩主要是以磕伤留下的痕迹为残缺的主要特征。由于绞胎和三彩在温度上有低温、也有高温烧造者，所以低温烧造的瓷器更容易受到磕伤，磕伤的程度更为严重，这一点我们在鉴定时应注意分辨。从成因上看，中国古代绞胎、三彩磕碰形成的原因主要有三个方面，一是同时期使用形成的磕痕，由于瓷器胎体的脆性和胎质的易损性，所以在使用时不免受到磕碰，不过这类磕碰一般都是比较轻微，如口沿部磕掉一个小豁等，但并不影响人们的实

▲图 2-12　有磕碰三彩龙首　唐代

用，如绞胎碗仍在使用，但这种情况在现实中基本上很少见，如绞胎碗在当时是比较珍贵的瓷器，所以人们在使用时一定非常小心，因此磕伤的情况并不常见，三彩碗的情况可能更好一些，因为唐三彩本身就是下葬随葬的明器，本身的不实用性，自然造就了其杜绝磕碰痕迹的形成，这一点我们在鉴定时应该注意分辨。二是墓葬当中受到的一些磕碰的痕迹，通常情况下磕碰痕迹都多较为严重，多数是粉身碎骨，碎成几十上百片的情况，但是这些磕碰形成的伤痕（图 2-13），在复原时还是比较容易复原，经过拼接后一般都能够恢复原有造型。三是今天人们对它形成的伤害，在器物观测上一些新的岔口多是在现在形成的，时常有见，它们的区别很明显，老茬口有钝感，基本上没有拉手的感觉，新茬口较为锋利，手触摸时有划破感，同时也有一种历史负罪感，因为这些绞胎、三彩历经了千年都没有损坏，而到了我们的手中却被损坏了，这的确是很遗憾的事情；从经济价值上看，老茬口基本不会影响到它的经济价值，但新茬口非常忌讳，有新茬口的瓷器实际上已经是残器了，它的价值会直线下降，甚至会变得有价无市。从时代和窑口上看，由于磕伤是一种不可预知的缺陷，所以它的形成具有偶见性，同时也没有过于规律性的特征。鉴定时我们应注意分辨。

▲图 2-13　三彩孩儿枕　宋代

失亮

中国古代绞胎及三彩有失亮的情况，失亮的概念比较容易理解，就是说绞胎、三彩釉面有一些光泽受到了损害（图2-14），这种情况墓葬和遗址当中都有见，但是数量不是太多，多为1件到2件；从成因上看有两点较为显著：一是窑内的缺陷，在窑内烧成时由于烧造温度以及施釉的失误会造成一些失亮的情况；二是外力的作用，由于保存环境釉面会和一些外界的物质发生反应，这些反应有时会导致釉面失去光泽，但是通体失亮的情况很少见，多数是以局部失去光泽为显著特征，但是绞胎、三彩釉失亮的情况在窑内缺陷中很少见，如从窑口上看，一些著名的窑场，如巩县窑基本上不存在这种情况，如果出现失亮现象，当即就被打碎了，所谓出现这种局部失亮又销售出去的情况，多数是一些仿烧巩县窑产品的民间小窑场烧制，由于成本限制等诸多因素的限制，所以比较粗糙（图2-15）。另外，从时代上看，三彩主要是在唐晚期之后一直到辽、金、元时期为显著特征，绞胎瓷器在时代上没有过于规律特征；从精致程度上看，失亮的瓷器与精致瓷器的关系并不密切，特别是与精致瓷器基本无缘，多数以普通和粗糙的瓷器为多见，特别是以粗糙瓷器最为多见。鉴定时应注意分辨。

▲图2-14　有失亮三彩龙首局部　唐代

▲图2-15　有失亮的三彩瓷枕　宋代

第三章 釉色

三彩釉

背景信息：三彩釉是唐三彩上最为常见的釉色，墓葬和遗址上都有见，件数特征墓葬出土多为1到2件，遗址出土数量较为丰富，显然是中国古代绞胎、三彩器皿中最主流的色调之一。鉴定时应注意分辨。

鉴定要点：

1、从色彩上看，三彩釉在色彩上并非就是三种色彩，如明器唐三彩主要是一种低温的铅釉陶器，以白色黏土做胎，用含铜、钴、锰等元素的矿物作釉料的着色剂，以铅为助溶剂，多数是在800摄氏度的温度下一次烧成（图3-1），釉色呈现出的是白、绿、黄、蓝、紫、褐等诸多的色彩，这样的色彩我们将其称为三彩，绞胎瓷器没有唐三彩复杂，但也有一些复杂的程度，在具体的色调上可能比唐三彩要少一些，不过并不是所有的唐三彩都由这些色彩组成，三彩有的可能只是由绿、蓝、黄、白组成，一些可能由绿、蓝、白、褐等组成，总之组成色彩不是很一致，多种方式是其显著特征，由此可见，三彩实际上是一种经过幻化的色彩，非常的漂亮，精美绝伦。鉴定时应注意分辨。

▲图3-1　三彩釉标本　唐代

▲图 3-2　三彩釉瓷枕　唐代

2、从时代上看，三彩釉生存的环境特征比较明确，贯穿于中国古代绞胎、三彩釉的始终，唐、宋、辽、金、元等时代都有见（图 3-2），它不受明器和实用器三彩在时代更迭上的限制；绞胎瓷器更是这样。鉴定时应注意分辨。

3、从窑口上看，中国古代生产三彩釉的窑场为河南的巩县窑，巩县窑是首创了绞胎、三彩这种色彩，从烧造水平上也达到了最高水平，以唐代为显著特征，五代基本上延续唐代，宋金时期在质量上有所下降，其他窑口所烧造的多是一些仿烧的产品，在质量上大多都没有巩县窑好（图 3-3），另外，陕西铜川窑也生产有一些器形较大的三彩产品，但小件器皿很少见，因此从窑口上看三彩、绞胎，主要还是以巩县窑的生产为显著特征。

4、从光泽上看，中国古代三彩釉在光泽上以淡雅光泽为显著特征，就是没有很亮的色彩，本身我们知道黄、蓝、绿等的色彩是比较少见的，由于它的烧造温度比较低，特别是鼎盛期的三彩温度比较低，这样就降低了它的一些反射的程度，因

▲图 3-3　三彩釉执壶　唐代

此说中国古代三彩釉多数通体闪烁着淡雅、柔和的光泽（图 3-4），精美绝伦。鉴定时应注意分辨。

5、从精致程度上看，三彩釉与其精致程度有着密切的关联，所谓三彩多数为精致的器皿，对于绞胎瓷器来讲基本都是这样，但是对于三彩器皿来讲可能要复杂一些，因为最为精致的三彩釉器皿多见于明器的三彩，从具体时代上看多见于唐高宗至唐玄宗安史之乱之前，鉴定时应注意分辨。

▲图 3-4　三彩釉驼俑　唐代

淡黄釉

背景信息：淡黄釉是中国古代绞胎及三彩釉上常见的釉色，墓葬和遗址内都有见，墓葬出土的件数通常为1到2件（图3-5），遗址内出土的件数多一些，为绞胎和三彩釉在釉质上的重要特征。

鉴定要点：

1、从色彩上看，淡黄的釉色特征比较明显，在绞胎上淡黄釉表现的透明度异常的高，因为基本上是一种透明的淡黄釉，这种釉色在绞胎瓷器上经常有见(图3-6)，从实物观测上来看，淡黄釉在色彩上表现出的是浓淡不同的色彩，但这只有当我们仔细观察时才能够看到，整体来看就是感觉到它是一种淡黄釉的色彩，显然这不是一种缺陷，而是淡黄釉在绞胎瓷器之上的一种特殊表现方式，三彩上的淡黄釉特征

▲图3-5　绞胎瓷枕标本　唐代

▲图 3-6　绞胎瓷枕标本　唐代

也比较明显，但三彩上的淡黄色并不是一种透明釉，这是与绞胎的区别，透明的情况也有见，但从根本上看它不是一种透感很强的色彩，这一点我们在鉴定时应注意分辨。由此可见，所谓的淡黄釉并不是色版一块，而是在淡黄的色调之下的一种渐变色彩，判断的标准主要是我们的视觉。鉴定时应注意分辨。

2、从时代上看，中国古代绞胎、三彩上的淡黄釉在时代特征上比较明确，唐、宋、辽、金、元等各个历史时期都有见（图 3-7），并没有过于规律性的特征，鉴定时应特别注意分辨。

3、从窑口上看，中国古代绞胎、三彩器皿上的淡黄釉从窑口特征上看不是很复杂，最有名的巩县窑常见淡黄釉的器皿，绞胎瓷器多数为通体淡黄，三彩上淡黄釉的情况也比较多见，多是和绿釉、褐釉等共同组成，其他不同时代的一些民间窑场也有可能烧造一些淡黄釉的器皿，因此说在窑口特征上并不是很明显。

4、从光泽上看，淡黄釉的瓷器在光泽上鲜亮与黯淡并存，但绞胎瓷器上的淡黄釉绝大多数淡雅（图 3-8），有时略微向黯淡靠近，但绝不是灰暗的感觉，显然是为了适应绞胎如行云流水的纹饰，而有意施加的这种色调较淡的黄釉；对于三彩器皿而言，从实物发掘上来看有的三彩与绿釉、白釉共同组成，在色彩上是极为鲜亮，但有一些淡黄釉在色彩上表现得较为沉稳，略有黯淡之感。另外，油性光泽比较强烈，通体都闪烁着淡雅非金属的油性光泽。鉴定时应注意分辨。

5、从精致程度上看，中国古代淡黄釉的绞胎、三彩与精致程度的关系并不密切，精致、普通、粗糙的器皿中都有见（图 3-9），由于绞胎和三彩都是以精致和普通的器皿为主，所以说粗糙器皿很少见。鉴定时应注意分辨。

▲图 3-7　绞胎瓷枕标本　唐代

▲图 3-8　绞胎瓷枕标本　唐代

▲图 3-9　绞胎瓷枕标本　唐代

白釉

背景信息：白釉在中国古代绞胎、三彩器皿上可以说是经常有见，主要是以三彩器皿为显著特征，墓葬和遗址当中都有见，墓葬出土多为 1 到 2 件，遗址出土可能多一些，总之，为绞胎和三彩釉面之上最常见的色彩之一。

鉴定要点：

1、从色彩上看，所谓的白釉在色彩上显然属单色的范畴，但并不是色版一块，而是迎合人们的视觉，对于绞胎瓷器来讲，它是一种白色的透明釉，但是对于三彩器皿来讲它不透明度，而且在色彩上比较纯正（图 3-10），同时也较为鲜亮，但是在三彩上的表现有的时候会有渐变的色彩，如在绿釉、黄釉等共同组成的三彩器皿上，黄釉、白釉、绿釉之间相结合的部分有见界限分明者，但同时也有见不分明和渐变的情况，这一点我们在鉴定时应该注意分辨。

▲图 3-10　三彩白釉组合色彩标本　唐代

2、从时代上看，中国古代白釉绞胎、三彩在时代特征上比较明显，就是各个历史时期都有见；从数量来看，绞胎的白釉在数量上有见，但比较少见，而白釉却是三彩中最基本的色调，较为常见，在色彩上并不能分明器和实用器三彩的区别，也没有时代之分，唐宋、辽金等时期的三彩上都有见。鉴定时应注意分辨。

3、从窑口上看，白釉在窑口特征上具有一定的复杂性，主要以河南的巩县窑生产的绞胎及三彩上的白釉为显著特征，精美绝伦，美不胜收（图 3-11），其他的窑场也有生产，但在质量上通常明显不如巩县窑产品。鉴定时应注意分辨。

▲图 3-11　三彩白釉组合色彩标本　唐代

▲图 3-12　三彩白釉组合色彩标本　唐代

4、从光泽上看，白釉无论是绞胎瓷器中透明的白釉还是三彩中非透明者，总体来看在光泽上是以鲜亮为主，光泽较强，但不失柔和、细腻的感觉，有油脂性的光泽，多数通体闪烁着非金属的淡雅油脂性光泽。鉴定时应注意分辨。

5、从精致程度上看，中国古代绞胎、三彩釉中的白釉与精致程度的关系并不密切，精致、普通、粗糙的瓷器都有见（图 3-12），这一点显而易见。从数量上看，绞胎上出现白釉的情况比较少见，主要以三彩器皿为显著特征。鉴定时注意分辨。

绿釉

背景信息：中国古代绞胎、三彩中的绿釉者时常有见，墓葬和遗址当中都有出土，墓葬出土多为 1 到 2 件，遗址出土的数量有见数十件者，在总量上有一定的量，显然为绞胎、三彩釉色当中重要的色彩之一。

鉴定要点：

1、从色彩上看，绿釉属单色范畴，这一点是没有疑问的，绞胎、三彩绿釉的色彩还是比较纯正的，然而在绿釉之上有着色彩浓淡程度的变化，这一点在绞胎瓷器上表现尤为突出，但是绞胎瓷器透明釉在色彩上的变化比较轻微（图 3-13），三彩器上的绿釉多是不透明的，这种非透明的绿釉在色彩浓淡程度上的变化显然是没有绞胎瓷器丰富，这一点我们在鉴定时应注意分辨。

▲图 3-13　绿釉绞胎瓷枕标本　唐代

▲图 3-14　绿釉三彩枕　宋代

2、从时代上看，绿釉的绞胎、三彩器皿在时代特征上比较明显，从唐代开始一直到辽金时期都有见，并没有过于规律性的特征，鉴定时应注意分辨。但从质量上看有一定区别，特别是对于三彩器皿而言更是这样，尤其是以盛唐三彩为显著特征，在色彩表现上比较好，但在安史之乱后绿釉的色彩有偏色和串色等现象。鉴定时应注意分辨。

3、从窑口上看，绿釉的绞胎、三彩在窑口特征上比较明确，一般情况下是以河南巩县窑的生产为主，其他仿烧河南巩县窑的产品在质量上显然有下降，如绿釉在色彩的呈现上不是那么明确，只是与其他色彩渐变的程度比较深刻而已，这样的一些缺陷都会出现（图 3-14），由此可见，绞胎、二彩上的绿釉实际上还是名窑的象征。鉴定时应注意分辨。

4、从光泽上看，中国古代绞胎、三彩釉中的绿釉在光泽特征上比较明确，多数是光泽鲜亮，本身绿色就是一种鲜亮的色彩，但在浓淡程度的变化上有向深绿演变的趋势，油脂性光泽浓郁，不失柔和淡雅之韵，通体闪烁着非金属的油性光泽。鉴定时应注意分辨。

5、从精致程度上看，中国古代绞胎、三彩中的绿釉在精致程度上比较明确，精致、普通、粗糙者都有见，但事实上粗糙的绞胎瓷器基本不见，因此对于绞胎瓷器而言基本上都是精致的瓷器（图 3-15）。对于三彩而言，从晚唐开始的粗糙化的一个过程当中，绿釉才有了这种普通和粗糙的分化。我们在鉴定时应注意分辨。

▲图 3-15　绿釉三彩执壶　宋代

黄釉

背景信息：中国古代绞胎、三彩中的黄釉在墓葬和遗址当中都有见，出土数量较多，墓葬出土多为1到2件，遗址出土数量比较多，特别是窑址出土的器皿中有很多都是黄釉或是有黄釉元素在里面，由此可见，黄釉是绞胎、三彩上最重要的釉色之一。

鉴定要点：

1、从色彩上看，黄釉的色彩比较容易理解，它是一种单色（图3-16），但黄釉区别于淡黄釉，在这里它的概念实际上就是区别于淡黄釉的其他色彩，黄釉通常情况下在色彩上表现是比较纯正，色彩的变化不是很多，缺少了淡黄釉较为多变的一些特点，但是色彩表现得比较稳定，实际上在绞胎上黄釉还是比较深刻的，它主要是由深黄向普通的色彩演变，可以说是一个渐变的过程，但是在绞胎釉上黄釉是一种透明釉。鉴定时应注意分辨。

▲图3-16　三彩黄釉组合色彩标本　唐代

2、从时代上看，中国古代黄釉的绞胎、三彩在时代特征上比较明确，各个历史时期都有见，特别是对于绞胎瓷器而言，从其产生之日起直到生命历程的结束，基本上黄釉占据着主流的地位（图 3-17），三彩也是这样，由黄釉组成的三彩器皿数量颇多，但更多的是黄釉与其他色彩如绿釉、白釉共同组成三彩的主色调。鉴定时应注意分辨。

3、从窑口上看，中国古代黄釉的绞胎、三彩在窑口上特征明显，不仅仅巩县窑烧造黄釉的绞胎、三彩釉器皿，其他各个时代的窑场也都在仿烧，特别是仿烧黄釉的色彩，但是从质量上看还是以巩县窑为最好。鉴定时应注意分辨。

▲图 3-17　三彩黄釉组合色彩罐　唐代

▲图 3-18　三彩黄釉组合色彩碗标本　唐代

4、从光泽上看，黄釉的绞胎、三彩在光泽上特征比较明确，以光泽淡雅为显著特征，有一定的亮度，看上去是沉静、典雅（图 3-18），非常漂亮，伴随着油脂性的光泽，多数通体闪烁着柔和淡雅的非金属光泽。

5、从精致程度上看，中国古代黄釉的绞胎、三彩在精致程度上表现较为复杂，对于绞胎瓷器而言基本上以精致的瓷器为显著特征，普通和粗糙的瓷器很少见，但对于三彩而言有相当的时间限定,从唐高宗时期到安史之乱这段时间内的明器三彩，达到了一个非常高的水平，但是在安史之乱之后喜忧参半、参差不齐，在质量上有一定的下降。鉴定时应注意分辨。

第四章 窑口

巩县窑

一、概况

著名的巩县窑在唐代创烧成功了绞胎、三彩器皿，实际上巩县窑不仅创烧了绞胎和三彩，而且以其高超的制瓷技术奇迹般的将绞胎及三彩的烧造水平在很短的时间内推至顶峰(图4-1)，绞胎、三彩精美绝伦的艺术品从此成为唐代物质文明的象征，特别是成为大唐盛世的象征。实际上在当时烧造绞胎及三彩的窑场也不少，如陕西的铜川窑、河南修武当阳峪窑、山西的浑源窑等都烧造有绞胎和三彩瓷器，但从根本上看多属于仿烧巩县窑的产品，从风格及各个方面的情况来看，同巩县窑所烧造的绞胎及三彩没有太大区别，在烧造技术和文化内涵等诸多方面都无超越巩县窑，这些窑场由于存在着很大的争议，所以我们就不再赘述，仅以巩县窑所烧造的绞胎和三彩器皿来窥视整个唐宋时期物质文化的繁荣。鉴定时应注意分辨。

▲图 4-1　巩县窑绿釉绞胎瓷枕标本　唐代

二、数量

巩县窑烧造的绞胎、三彩在数量上是比较丰富，墓葬和遗址内时常有见，特别是一些大型的墓葬当中出土数量非常多（图 4-2），如永泰公主墓葬当中就出土了 170 多件三彩随葬品，另外，在窑址上发现的器皿，特别是三彩数量都非常庞大，如巩县窑址就发掘出土了众多唐三彩，由此可见，整个三彩及绞胎釉瓷器在总量上有相当规模，为当时人们主要把玩的艺术品，但是如果与青瓷和白瓷的数量相比，绞胎及三彩在总量上依然是很小，鉴定时我们应注意分辨。

三、窑址

巩县窑位于今天河南省的巩义市，在新中国成立后找到了传说中的巩县窑，出土了大量巩县窑各种器皿，实际上巩县窑产品不仅仅是唐三彩和绞胎瓷器，而是除了绞胎、三彩之外还生产白瓷等诸瓷器品种（图 4-3），在白瓷的工艺水平上达到了相当高的水平，唐三彩的烧

▲图 4-2　巩县窑绞胎瓷罐　唐代

▲图 4-3　巩县窑绞胎碗胎体搅动横截面　唐代

造主要是集中在大小黄冶村附近，这个窑址距离今巩义市东 5 到 6 公里处，不远处就是黄河，西北毗邻洛河，黄冶河从窑址中间穿行而过，显然这是所有窑场所必须要具备的条件，就是水源和水路要方便，无论在小的窑场大多中间都是有一条河，有的窑场建在小河边，甚至是小河之上，这样取水会更加方便。正是巩县窑得天独厚的地理位置，以及地处距离洛阳不远的地方，所以巩县窑在唐代获得了很大的发展，从窑址上看器物造型无所不包，精美绝伦，美不胜收。鉴定时应注意分辨。

四、时代

巩县窑在时代特征上比较明晰，以唐五代时期为最常见，宋代也有见，但数量也不多；鼎盛时期基本上是在唐高宗至安史之乱之间这段时间（图 4-4），这一点是明确的，到了北宋时期基本上已经销声匿迹了。鉴定时应注意分辨。

▲图 4-4　巩县窑三彩武士俑　唐代

五、精致程度

中国古代绞胎、三彩釉瓷器在巩县窑中的生产基本上以精致瓷器为显著特征，巩县窑生产的绞胎、三彩已分不出精致与粗糙的区别，主要是以精致瓷器为显著特征。鉴定时应注意分辨。

六、器形

巩县窑瓷器在器物造型上十分丰富，常见的有碗、盘、罐、盆、壶、豆、碟、杯、俑、玩具等等，数量十分丰富，主要以人物、牲畜和建筑明器等为显著特征，由此可见，巩县窑在器物造型上显然是无所不包，似有集大成之势。当然这些明器主要是一些三彩的器物造型；但是如枕、碗、盘、盏、杯等多为绞胎瓷器的造型（图 4-5），绞胎瓷器在枕上可以说是多种多样，如正方形枕、如意形枕、长方形枕、扇形枕和少量的束腰枕等都有见，可见巩县窑绞胎瓷器在器物造型上异常繁复，特别是三彩器皿造型真的是繁缛到了极点，但与其明器的功能是分不开的，唐三彩成为继汉代厚葬制度消亡之后在葬制上的又一大革新的产物。鉴定时应注意分辨。

▲图 4-5　巩县窑三彩狮枕　唐代

七、纹饰

巩县窑绞胎、三彩很少见传统的刻划纹、印花、剔花等饰纹方法，由此可见，绞胎瓷器从根本上是排斥传统纹饰的，绞胎瓷器是以一种新的纹饰形成的方式存在，主要以不同色彩的胎体相间糅合在一起，拉坯成形，利用胎体搅动的方式不同形成不同的纹理，如行云流水、虎皮斑纹、菱形纹、花瓣图案、回形带纹等多种图案纹饰（图 4-6），由此可见，巩县窑绞胎瓷器所形成的纹饰的确是非常丰富，但最常见的为木纹和行云流水纹。三彩釉在纹饰传统刻划纹也很少见，主要是一

▲图 4-6　巩县窑绞胎木纹瓷枕　唐代

▲图 4-7　三彩釉标本　唐代

些模印的花团纹、附加堆纹、浮雕的纹饰等为显著特征，呈现出的往往是花团锦簇的效果，花形主要有宝相、莲花、缠枝花卉等，贴花也经常可以看到，如动植物、昆虫等都有见，动物造型主要是一些高浮雕的造型，整体看上去非常漂亮，栩栩如生，看来绞胎及三彩釉显然不是以纹饰取胜，它只是借鉴了传统纹饰的一些理念，但从根本上看这些纹饰显然不是传统意义上的纹饰。我们在鉴定时应注意分辨。

八、釉质

巩县窑绞胎、三彩主要是以釉质取胜，在釉质上是极尽心力，虽然从釉色上看万变的釉色，以基本釉色浅绿、鳝黄、淡黄、白釉、黄釉、绿釉等诸多釉色相互糅合在一起（图 4-7），或者单独成色，如绿釉的绞胎、淡黄釉等等，总之在釉色上是达到了一个极致的状态。从釉质上看，巩县窑绞胎、三彩多有一定的厚度，绞胎釉层均匀，而三彩釉釉层以局部均匀为主，主要利用釉层厚薄的变化来表现出一些艺术的元素，具有很高的艺术水平，光泽以淡雅为主，通体闪烁着非金属油性光泽，手感细腻、滋润，可谓是精美绝伦，美不胜收，由此可见，巩县窑瓷器在釉质上几乎达到了一个纯美的境界（图 4-8）。

九、胎质

巩县窑绞胎三彩釉瓷器对于胎质特别的重视，就是多数胎料是选用优良的高岭土料，很少使用泥胎料及掺和料，非常精细的高岭土料在淘洗精炼、温度适中的情况下胎体细腻、致密、坚硬，非常的漂亮，胎色均匀，杂质、气孔等缺陷控制得非常好，总之在胎体上基本达到了“内外一致”的状态，达到了其所要表达的文化内涵，以及与其幻化了的釉色相呼应的效果，鉴定时我们应该注意分辨。

▲图 4-8　巩县窑三彩骆驼俑　唐代

十、影响

巩县窑绞胎、三彩釉瓷器具有十分深远的影响，绞胎瓷器在巩县窑衰落之后，其他的窑场依然还在烧造，直到现在都有烧造，虽然已经烧造不出当时巩县窑的那种技术水平（图 4-9），但由此可见，人们对于绞胎釉瓷器的怀念。唐三彩的辉煌是不言而喻的，在巩县窑停止烧造之后，许多窑场继续烧造三彩，从时代上看，辽三彩、宋三彩、朝鲜的新罗三彩和日本烧造的三彩等等，始终未绝，由此可见，人们对于绞胎、三彩的热情是持久的，而并非一时兴起，或者是心血来潮。总之，巩县窑在历史上的确是一个具有传奇的窑场，象征着具有万千气象的盛唐文化。鉴定时应注意分辨。

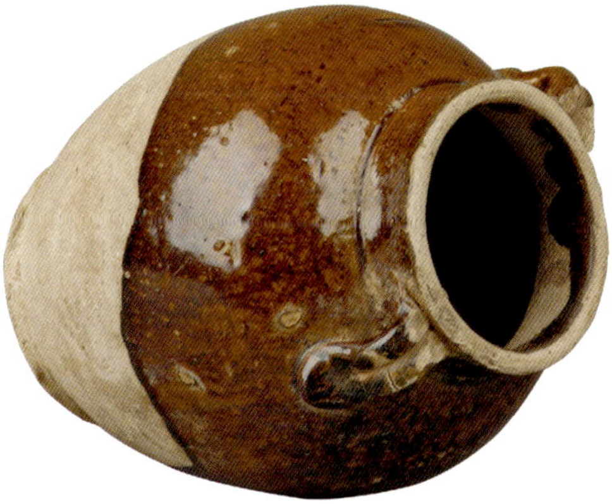

▲图 4-9　巩县窑三彩双系罐　唐代

第五章 造型

第一节 口部

敞口

背景信息：敞口的造型比较常见，从概念上看主要是指口部向外张的比较大的造型（图 5-1），这样很多口部造型都以囊括在敞口的范畴之内，如花口、圆口、椭圆形口、四方口、一些不规则口等等，但从数量看，主要以圆口为显著特征，由此可见，敞口显然是绞胎、三彩中最重要的口部造型之一。

▲图 5-1　敞口三彩碗（三维复原图）　唐代

鉴定要点：

1、从器形上看，敞口的造型在绞胎、三彩中十分普遍，有许多器物都会选择敞口的造型，如碗、盘、碟、壶、盆、盏、瓶等等器皿之上都常见。从数量上看，主要以绞胎、三彩碗为最；但从比例上看，碗、盘、碟、杯等的比例都比较大。鉴定时应注意分辨。

2、从衍生造型上看，敞口的造型衍生性比较强，常见造型主要有大敞口、微敞口、小敞口等等（图 5-2）；从衍生性上看，敞口的造型实际上是非常丰富的，只要是在敞口的范畴之内的任何变化都应该视为其衍生造型的一种。鉴定时应注意分辨。

3、从功能上看，中国古代绞胎、三彩敞口的造型在功能上主要以装饰为显著特征，兼具有实用的功能，如绞胎敞口的瓷碗完全可以实用，但由于绞胎瓷器在当时是较为贵重的品种，真正实用的情况不是很多，因此敞口的造型主要还是为了衬托碗的造型，实用的功能处于次要的地位；而三彩器皿更是这样，如三彩碗主要是下葬用的明器，很明显敞口在三彩上主要是以装饰为先导（图 5-3），实用的功能居于次要地位，鉴定时注意分辨。

▲图 5-2　敞口三彩碟　唐代

4、从流行程度上看，中国古代绞胎、三彩十分流行，从时代上看，可以说贯穿唐、宋、金、元等时期；从地域上看，在当时通销全国，以及东南亚、包括朝鲜日本等国家都十分流行；从使用阶层上看，帝王将相和寻常百姓家中都有见。鉴定时应注意分辨。

▲图 5-3　敞口三彩碗　唐代

侈口

背景信息：侈口的造型比较常见，从概念上看，侈口的造型与敞口有类似之处，不同之处是有一个外侈的过程（图 5-4），圆口、四方口、椭圆形口、长方形口和诸多的不规则口都可以囊括在其范畴之内，由此可见，侈口是绞胎、三彩最重要的口部造型之一。

▲图 5-4　侈口三彩碗　唐代

鉴定要点：

1、从器形上看，侈口的绞胎、三彩在器物造型的选择上特征比较明确，十分丰富，常见的器物造型主要有灯、盘、碗、瓶、灯、灯盏、碟、盏等等，由此可见，器物造型还是比较丰富，但是从数量上看主要还是以三彩碗为显著特征，其他的器物造型在总量上比较小。

2、从衍生造型上看，中国古代绞胎、三彩侈口的造型衍生性比较强，如大侈口、小侈口、微侈口等都常见，由此可见，绞胎、三彩在侈口的造型上不断地在进行尝试，力求突破（图 5-5），但是基本上侈口的造型已经达到了较为合理的状态，很难再有突破。鉴定时应注意分辨。

3、从功能上看，侈口的绞胎、三彩在功能上特征比较明确，绞胎瓷器有实用的功能，也是可以实用的，但在实际上绞胎瓷器真正实用的情况又很小，这一点从目前发现的绞胎碗和其他器皿完好无损的程度上看是这样，在当时绞胎可能多是用于欣赏器皿，基本上不会有太多的磕痕；三彩侈口的器皿在功能上主要以装饰性为主,除了实用三彩之外,真正意义上盛唐三彩没有实用的可能性。鉴定时应注意分辨。

4、从流行程度上看，侈口的绞胎、三彩流行程度较广，地域广及全国，从时代上看，贯穿于各个历史时期（图 5-6），这一点我们在鉴定时应注意分辨。

▲图 5-5　侈口三彩碟　唐代

▲图 5-6　侈口三彩碗　唐代

敛口

背景信息：中国古代绞胎、三彩敛口的造型比较常见，可以说与敞口、侈口的造型基本上形成了鼎足之势，它的器物造型也是囊括性很强，诸多的口部造型，如圆口、长方形口、四方形口、敛口及诸多不规则的口部造型都可以囊括在其中。鉴定时应注意分辨。

鉴定要点：

1、从器形上看，绞胎、三彩中敛口的造型在器形上的选择非常丰富，如罐、钵、水注、壶、炉等等，许多器物造型都是敛口的，对绞胎瓷器而言，可能敛口的造型不是太多（图 5-7），因为绞胎瓷器主要是以碗、盘、杯的造型为显著，而三彩在敛口上特征是比较丰富，这一点我们在鉴定时应注意分辨。

▲图 5-7　敛口三彩罐　辽代

▲图 5-8　敛口三彩盂　唐代

2、从衍生造型上看，中国古代绞胎、三彩衍生性的造型并不是很丰富，主要以大小上衍生为多见，如大敛口和小敛口、微敛口等为常见。其他的衍生性也有见，但在数量上比较少。鉴定时应注意分辨。

3、从功能上看，中国古代敛口的绞胎、三彩在功能上特征并不是很明确，实用的功能退居到次要的地位，而装饰的功能则上升到了主导地位（图 5-8），这一点无论在绞胎瓷器，还是三彩器皿之上都可以看得很清楚。鉴定时应注意分辨。

4、从流行程度上看，敛口的绞胎、三彩在流行程度上表现非常好，从时代上看，唐、宋、金、元等各个历史时期都有见；从地域上看，广及全国各地；从使用阶层上看，无论平民还是王公贵胄家中都有见敛口的器物造型。鉴定时应注意分辨。

直口

背景信息：中国古代绞胎、三彩直口的造型比较常见，直口并非笔直的口部，这一点是显而易见的，它的判断标准主要是视觉，显然在概念上是一场视觉的盛宴，直口所囊括的口部造型众多，如长方形口、椭圆形口以及诸多不规则口等都有可能是直口（图 5-9）。这一点我们在鉴定时应注意分辨。

鉴定要点：

1、从器形上看，绞胎及三彩器皿直口者在器物造型的选择上特征比较明确，一般多选择的是一些碗、杯、瓶、盒的器物造型，其中以盒的数量为最多，如绞胎和三彩盒，就常见子母口及兼具直口功能的造型，在碗上也经常有见直口的造型。鉴定时我们应注意分辨。

▲图 5-9　直口三彩罐　唐代

2、从衍生造型上看，直口的造型在衍生性上比较丰富，如近直口、小直口、大直口等都常见，但是对于绞胎瓷器而言衍生性的造型显然不是很丰富（图 5-10）；而三彩在衍生造型上非常的丰富，各种各样的造型都有见。这一点我们在鉴定时应注意区分。

▲图 5-10　直口绞胎罐　唐代

3、从功能上看，绞胎、三彩在功能上的特征实际上并不是特别的明显，直口的造型主要是借鉴于同时期或者是前代其他器物上造型，绞胎瓷器以实用和装饰的功能为主，多数是融合在一起，基本上以装饰的功能为先导。而三彩器皿则主要是以装饰为主，以装饰的功能为先导，有些器皿直口完全没有实用性的功能。这一点我们在鉴定时应注意分辨。

▲图 5-11　直口三彩罐　唐代

4、从流行程度上看，直口的绞胎、三彩釉器皿在流行程度上比较广，如直口的盒、瓶、杯等都比较流行，无论宫廷还是民间都有使用（图 5-11）。但是从地域上看，真正意义上的盛唐直口的三彩由于受到随葬制度影响，所以在地域上主要集中在洛阳和西安等地出土为多见。鉴定时应注意分辨。

子母口

背景信息：中国古代绞胎、三彩子母口的造型比较常见，特别是唐宋时期盛行的盒、罐、香炉等造型有很多都是子母口的造型，子母口多数有一个盖、体扣合的过程。鉴定时应注意分辨。

鉴定要点：

1、从器形上看，中国古代绞胎、三彩子母口的造型在器形的选择上比较明确，基本上特指的情况比较多（图 5-12），如盒、坛、炉等器皿上常见是子母口的造型，其中以绞胎和三彩盒为最多，其他的器皿子母口的造型数量极为有限。鉴定时应注意分辨。

2、从衍生造型上看，子母口的造型在衍生性上不是很丰富，这与子口和母口盖体扣合的特征有关，如果子母口的造型发生衍生，那么必然会导致子母口盖体扣合不严情况的发生，从而影响到其实用和美观的价值，因此从发掘情况来看绞胎及三彩的衍生性并不是很强，衍生性造型几乎不见。鉴定时应注意分辨。

▲图 5-12　三彩字母口盖罐　唐代

▲图 5-13　三彩字母口盒　唐代

3、从功能上看，绞胎、三彩子母口的在功能上特征十分明确，就是为了盖体扣合方便，对于绞胎瓷器来讲显然是实用和装饰的功能的结合，但是对于三彩器皿来讲主要是为了装饰的需要，因为三彩器皿主要是用于下葬的明器（图 5-13）。鉴定时应注意分辨。

4、从流行程度上看，中国古代绞胎及三彩子母口的造型从流行程度上看非常广。从时代上看以唐宋时期的盒较为常见，炉、壶、罐等也较为常见，元代之后比较少见；从地域上看，广及全国各地，目前在全国各地都发现有一些绞胎及三彩子母口的造型。鉴定时应注意分辨。

大口

背景信息：大口是一个口部大小上的概念，它主要以视觉为判断标准，并没有具体的尺寸的标准（图 5-14），所囊括的口部特征众多，如侈口、敞口、椭圆形口、不规则口等都在其范围之内，绞胎及三彩釉之中的大口器皿也是比较常见，显然大口是绞胎、三彩在口部特征上的重要类型之一。

鉴定要点：

1、从器形上看，中国古代大口的绞胎、三彩器皿在器物造型的选择上是无所不包，如碗、瓶、盘、碟、杯、罐都有可能是大口的造型，在数量上以碗的数量为最多；从比例上看，许多器物之上大口比例都很大，如碗、盘、碟等大口的比例占据着绝对的统治地位。鉴定时应注意分辨。

2、从衍生性上看，大口的绞胎及三彩在衍生性造型上非常明确，就是在大口范畴之内所有造型的微小变化都属于其衍生性的造型（图 5-15），由此可见，绞胎、三彩大口在衍生造型上十分丰富。鉴定时应注意分辨。

▲图 5-14　大口三彩碗　唐代

▲图 5-15　大口三彩碗　唐代

▲图 5-16　大口三彩碟　唐代

3、从功能上看，中国古代大口的绞胎、三彩釉器皿在功能特征上体现了实用与装饰性的完美结合，特别是对于绞胎瓷器而言更是这样，但是对于三彩器皿来讲主要是装饰的功能为主，因为它本身并不是一种实用器。鉴定时应注意分辨。

4、从流行程度上看，大口的绞胎、三彩在流行程度上可以说是非常广泛，从时代上看，唐宋辽金元等都有见（图 5-16）；从地域上看，从目前发掘出土的器皿来看，基本上全国各地都有见；从使用阶层来看，各个阶层都有使用，宫廷和市井之上都有见。鉴定时应注意分辨。

小口

背景信息： 小口的绞胎及三彩从概念上看比较容易理解，就是说小的口部，它主要是相对于大口的造型而言，但是小口也并非是一个几何意义上的口部造型，它没有尺寸上的标准，主要以器形为参照物，以我们的视觉为判断标准，因此从本质上看小口显然是一场视觉上的盛宴。

鉴定要点：

1、 从器形上看，小口的绞胎、三彩在器物造型上特征比较复杂，常常选择的造型有瓶、壶、盂、罐等（图 5-17），可见种类并不多，这说明很多器物造型基本上是特定的，如一些瓶的造型多数是一些小口。绞胎瓷器主要以盂、罐等为显著特征，瓶、壶的造型在绞胎者比较少；三彩器皿小口的器物造型的确是比较常见，鉴定时应注意分辨。

▲图 5-17　小口三彩瓶　唐代

2、 从衍生性上看，小口的造型衍生性很强，也就是在小口之下所有的细微的变化都是小口的衍生性造型，因此小口的衍生性造型以微观为显著特征，基本上不存在宏观意义的造型。这一点我们在鉴定时应注意分辨。

3、从功能上看，小口造型在功能上特征主要有两种，一是实用与装饰兼具的功能，这种功能以绞胎瓷器为显著特征（图 5-18），如绞胎碗既有装饰的功能又有实用的功能。二是纯装饰性的功能，这种器皿以三彩器皿为显著特征，三彩虽然精美绝伦，但主要是明器，用于下葬，所以并不实用。鉴定时应注意分辨。

4、从流行程度上看，小口的绞胎、三彩在流行程度上非常广泛，从时代上看唐、宋、辽、金、元等各个时期都有见；从使用阶层上看，无论平民百姓还是帝王之家中都有使用；从地域上看，小口的三彩出土的地点主要以西安和洛阳为主，其他地方很少见，绞胎瓷器基本上各地都有见。鉴定时应注意分辨。

▲图 5-18　小口三彩双系瓶　　唐代

撇口

背景信息：绞胎、三彩撇口的造型比较常见，撇口在概念上有一个明显向外撇的过程，撇口也是一个囊括性很强的器物造型（图 5-19），如大口、椭圆口、长方形口、不规则口等都有可能是撇口的造型，由此可见，撇口显然是绞胎、三彩口部造型中的重要品类之一。

▲图 5-19　撇口三彩碗　唐代

鉴定要点：

1、从器形上看，撇口的造型在器物造型的选择上比较丰富，如碗、盘、碟、盏、瓶、钵等都有见，其中以碗、盏、瓶等器皿为最常见，数量最多的应该属于瓶和注的造型，在使用频率上很高。鉴定时应该注意分辨。

▲图 5-20　撇口三彩碗　唐代

2、从衍生性上看，撇口在衍生性上造型比较丰富，如微撇口、撇口较甚等都有见，而对于绞胎、三彩上的撇口也是这样，衍生性造型比较丰富（图 5-20），只要不超出撇口的范畴的各种衍生，都可以说是撇口的衍生造型。鉴定时应注意分辨。

3、从功能上看，撇口的绞胎三彩器皿在功能上特征比较模糊，可以说实用与装饰的功能都有见，但是绞胎、三彩之间差异性比较大，绞胎注意以实用和装饰结合的功能为主，而三彩则主要是以装饰的功能为主。这一点我们在鉴定时应注意分辨。

4、从流行程度上看，绞胎、三彩撇口的造型各个时代都有见，唐、宋、金、元时期有见；从出土地点上看，三彩主要以洛阳和西安为最常见，绞胎流行程度比较广，在当时就通销全国（图 5-21）；宋元时期无论是达官贵人和平民百姓的家中都有使用。鉴定时应注意分辨。

▲图 5-21　撇口三彩瓶　唐代

盘口

背景信息：中国古代绞胎、三彩器皿中盘口者比较常见，从概念上看所谓盘口并不是真正意义上的盘形，而只是一种感觉而已，因此盘口严格说只是一场视觉的盛宴。鉴定时应注意分辨。

鉴定要点：

1、从器形上看，中国古代绞胎、三彩的盘口造型非常多，如壶、钵、瓶、碟器皿之上都有见，以壶、钵、瓶的造型最为丰富（图 5-22），实际上最多的应该是壶，如盘口壶的造型所占比例就较大。鉴定时应注意分辨。

▲图 5-22　盘口三彩盂　唐代

2、从衍生造型上看，盘口的绞胎、三彩衍生性的造型并不是很丰富，这是由盘口形制所决定的，因为一旦在造型上有偏离也就不能称之为盘口了，所以盘口在衍生性上不是很强。鉴定时应注意分辨。

▲图 5-23　盘口三彩执壶　唐代

3、从功能上看，绞胎、三彩盘口器皿在功能上特征十分明确，主要体现在其装饰的功能上，其次就是其实用与装饰功能的结合（图 5-23）。三彩主要以装饰为先导，绞胎多体现实用与装饰功能的结合。鉴定时应注意分辨。

4、从流行程度上看，中国古代盘口的绞胎、三彩器皿在流行程度上比较广，但多数被限定在一些专有的器皿之上，如盘口壶等器皿就比较常见，另外，盘口的造型还被限定在一些特定的时代里。鉴定时应注意分辨。

喇叭口

背景信息：喇叭口的概念顾名思义就是像喇叭一样的口部造型，这是一种非常张扬的口部造型，它的弧度圆润、溜线清晰（图5-24），是绞胎、三彩器皿之上较为重要的口部造型之一。鉴定时应注意分辨。

▲图 5-24　喇叭口三彩执壶　唐代

鉴定要点：

1、从器形上看，中国古代绞胎、三彩喇叭口的造型十分常见，但具有很强的选择性，多数被限定在瓶、执壶等器皿之上，而且主要是三彩器皿为显著特征，绞胎瓷器之上所见到的喇叭口造型并不丰富。鉴定时应注意分辨。

2、从衍生造型上看，喇叭口的衍生造型比较丰富，主要就是依托喇叭口体积变化而形成，如大喇叭口、小喇叭口等都有见（图 5-25），判断的标准主要还是以视觉为标准。鉴定时应注意分辨。

▲图 5-25　喇叭口三彩执壶　唐代

3、从功能上看，喇叭口夸张的造型显然是为了装饰需要，但是在绞胎及三彩之上这种装饰的效果并不明显，因为本身绞胎、三彩就是以釉质取胜，以万变的釉色取胜，多数三彩如执壶等经常使用喇叭口的造型，实际上借鉴白瓷、青瓷的造型，但目的却并非是用来实用，因为三彩本身是一种明器。鉴定时应注意分辨。

4、从流行程度上看，中国古代喇叭口的绞胎、三彩器皿非常漂亮，精美绝伦（图 5-26），主要以唐代为常见，辽三彩及宋三彩并不是很常见；从地域上看，在当时已经通销全国，但三彩出土主要以墓葬为主，而且出土地点主要在洛阳和西安附近。鉴定时应注意分辨。

▲图 5-26　喇叭口三彩执壶　唐代

第二节 唇部

1、从种类上看，中国古代绞胎、三彩在唇部特征上比较复杂，常见的主要有圆唇、方唇、尖唇、尖圆唇、折唇、平唇、厚唇、薄唇等，由此可见，中国古代绞胎及三彩器皿在唇部造型上比较丰富，然而这还不是其唇部造型的全部，而只是一些基本的造型，在这些基本的造型之下还有许多衍生性的造型，如卷唇可以衍生出外卷唇、微卷出、弧卷唇、卷圆唇、唇沿微内卷等等（图 5-27），实际上每一种唇部在基本造型之下都会衍生出数量不等的衍生性造型，这些衍生性造型和基本造型共同组成了巍巍壮观的中国古代绞胎、三彩唇部造型群，犹如群星璀璨，美不胜收。但从造型上看，主要还是以圆唇和尖圆唇的特征为主，其他的唇部造型略逊；从厚薄上看，主要以较厚唇为显著特征，薄唇者有见，但数量不是很多。鉴定时应注意分辨。

▲图 5-27　弧卷唇三彩碗　唐代

2、从数量上看，中国古代绞胎、三彩有着灿若繁星的唇部造型特征，在数量上非常复杂，显然它们并不是均衡，而是存在巨大的差异性，总的来看墓葬和遗址内出土的情况比较明确，圆唇的比例最大，由此可见，这一点与其他瓷器有着很大的不同，如青、白、黑瓷等等主要都是以尖圆唇为显著特征，而在绞胎三彩之上却是以圆唇为显著特征，实际上这并不是削弱了绞胎在造型上的美感，而是增强绞胎及三彩釉器皿在造型上的稳重性，如有许多罐、豆、水注、壶、碗、盘等造型都是圆唇，特别是三彩器皿圆唇占绝对主流的地位，因为三彩器皿本身就是不实用的，所以它的唇部没有必要做得过薄（图 5-28）。鉴定时应注意分辨。

3、从形制上看，中国古代绞胎、三彩在唇部造型上并不复杂，多数是非常直观，如圆唇看起来非常简单，就是圆唇的造型，方唇的造型也是这样，模糊不定的情况很少见，尖圆唇的情况也是这样，尖唇和圆唇紧密地结合在一起，由此可见，三彩及绞胎的唇部造型在形制上完全没有脱离视觉的概念，为一场视觉上的盛宴，

▲图 5-28　三彩水注　唐代

没有尺寸意义上的标准；从形制上看，绞胎瓷器在形制上基本上分为两种，实用的绞胎瓷器在形制上与其他类型的瓷器基本相似，但是低温烧造的绞胎在形制上可能略有些夸张，如它的唇部的厚度略显厚，因为基本脱离实用功能的器皿在造型上完全以装饰为先导，三彩器皿在唇部造型上通常都是较为夸张，如圆唇比一般的唇部造型要厚，目的是突出装饰的功能，由此可见，多数三彩是以装饰性为先导。鉴定时应注意分辨。

4、从器形上看，中国古代绞胎、三彩器皿在器物造型上的特征比较明确，不同的唇部造型会有其常见器物造型上的选择（图 5-29），我们先来看绞胎、三彩器皿中数量最多的圆唇，从实物观测上看，圆唇显然占据主导的地位，有很多器皿在其他品类的瓷器之上可以不是圆唇，但在三彩之上基本上都选择了圆唇，如执壶，碗、盘、壶、罐、豆、盂等等都是这样，多为圆唇的造型；尖唇的数量变得比较少见；尖圆唇的造型以绞胎碗、盘、杯等为显著特征；卷唇以瓷壶、罐、盆为常见；折唇以碗、钵、罐等为常见；薄唇在绞胎、三彩釉器皿当中比较少见，主要以较厚唇为显著特征，由此可见，中国古代绞胎、三彩唇部造型实际上涉及造型众多。我们在鉴定时应注意这种造型上的区别。

5、从功能上看，绞胎、三彩器皿的唇部在功能上的特征比较明确，主要有两点：一是以实用和装饰的结合为先导，二是以装饰为先导（图 5-30）。第一种情况主要是指实用的绞胎、三彩器皿，其目的还是要实用，但是装饰意味浓重，而从时代上看，这种情况从唐高宗李治到唐玄宗李隆基安史之乱期间精致三彩器皿很少见。第二种就是以装饰为显著特征，如低温烧造绞胎、三彩器皿装饰的功能异常突出，降低温度的目的显然就是为了釉质更加鲜丽和富有柔和感，主要以观赏为主，实用的功能逐渐消失，如明器三彩主要是下葬用的，在现实生活当中并不实用。这一点在鉴定时应注意分辨。

▲图 5-29　圆唇三彩瓶　唐代

▲图 5-30　圆唇绞胎瓷罐　唐代

第三节 沿部

1、从种类上看，中国古代绞胎、三彩沿部种类丰富，常见的有平沿、折沿、敞沿、卷沿、厚沿、宽沿、窄沿、薄沿等等（图 5-31），可见沿部特征是十分丰富，而这些沿部特征显然不是中国古代绞胎、三彩沿部造型的全部，而都是一些基本的造型，从衍生性造型上看，几乎每一种基本的沿部造型都可以衍生出诸多衍生性造型，如卷沿可以衍生成卷沿较甚、近卷沿、小卷沿、微卷沿、大卷沿等等；厚沿可以衍生出略厚、厚重的沿部特征等；折沿可以衍生出折沿下斜、宽折沿、小折沿、折沿外卷等等，由此可见，中国古代绞胎三彩沿部造型显然是在这些基本造型之下不断衍生、不断扩大，这一点我们在鉴定时应注意分辨。

2、从数量上看，中国古代绞胎、三彩在沿部造型种类上非常多，但从这些沿部造型出现的频率上看，并不是均衡的（图 5-32），而是有着较大的差异性特征，如平沿及其衍生性就比较多，较厚沿的数量也比较多，较厚沿主要限制在三彩器皿，而较薄沿主要限定在绞胎之上，再者就是实用的绞胎和三彩之上也有较薄沿的情况，总的来看就是不同的沿部造型出现的频率不同，这一点我们在鉴定时应注意分辨。

▲图 5-31　略厚沿三彩执壶　唐代

3、从形制上看，中国古代绞胎、三彩沿部造型在形制特征上比较复杂，多数造型都是以视觉判断为标准，较为直观，如折沿的造型就非常的明显，有明显的转折，模糊不清的情况很少见，宽折沿是逐渐向宽的地方发展，折沿较宽的造型、窄折沿的造型也都是非常直观，就是没有尺寸意义上的标准，完全是一场视觉的盛宴。由此可见，在形制上绞胎及三彩在沿部造型上的显著特征就是以较厚沿为显著特征，沿部造型没有相当薄的情况，多数是比较厚，这主要反映了盛唐文化对于人们殷实生活的一种祝福。绞胎和三彩在沿部形制上还有一个重要的特征，就是各种沿部造型经常会出现既相互融合又相互打破的情况，常见的如宽折沿的造型，很明显折沿和宽沿只有融合一起才能形成宽折沿的造型等等（图 5-33），通常多为两种造型形成相互融合和打破的情况，三种以上者很少见。鉴定时我们应当注意分辨。

▲图 5-32　平折沿三彩盂　唐代

4、从器形上看，中国古代绞胎及三彩沿部在器物造型上比较简单，主要的特点就是不同沿部造型会选择常见的器物造型，但也有很多器物是没有沿部，如罐、碗、盘等都有这种情况，平沿的造型多出现在盂、盆、香炉等器皿之上；折沿的造型多出现在瓶、钵、灯、盆等器皿之上；敞沿的造型多以碗、盘、唾壶为显著特征，总之绞胎、三彩在器物造型上也是十分丰富，各种器物造型基本上都有见。从时代和窑口上看，基本上也都是这样，没有过于显著的特征。

▲图 5-33　宽折沿三彩盂　唐代

5、从功能上看，绞胎、三彩沿部功能特征上并不复杂，主要以实用和装饰的结合为显著特征，还有就是专有装饰的功能（图 5-34），第一种装饰与实用的结合，主要体现在绞胎及实用三彩之上，如盆的沿部多是为了人们端拿的需要，其次才是装饰的需要，并且将装饰和实用的功能融合的天衣无缝，不仔细观测很难觉察到。但是对于明器三彩来讲，主要的功能是装饰，因为其本身是用于下葬的明器，所以不存在实用的功能，沿部功能纯粹就是为了装饰的需要；从时代上看，绞胎、三彩这种实用与装饰结合的功能，主要以绞胎瓷器为显著特征，对于三彩器皿来讲，实用与装饰功能的结合多见于安史之乱之后至金元时期这段时间内。第二种专有的装饰的功能，从时代特征上看非常明显，以唐高宗至唐玄宗安史之乱之间的这一历史时期为显著特征，从窑口上看，基本上是以巩县窑烧制的明器三彩为显著特征，其他窑口仿烧的器皿有见实用与装饰结合的功能。绞胎分为两种，低温绞胎多是以装饰为先导，而一些高温绞胎瓷器在沿部造型上多涉及的是实用与装饰结合的功能。我们在鉴定时应注意体会。

▲图 5-34　撇沿三彩圈足执壶　唐代

第四节 腹部

1、从种类上看，中国古代绞胎、三彩在腹部特征上是种类繁多，常见的腹部种类有鼓腹、浅腹、折腹、深腹、曲腹、坦腹、敞腹、折腹、弧腹等等（图5-35），由此可见，绞胎、三彩在腹部种类上十分丰富，但是从比例上看，这些唇部造型在数量特征上差异性很大，就是从衍生性造型上看，以上这些造型只能说是基本的造型，这些造型都可以衍生成相当强的衍生性造型，如直腹的造型就可以衍生成微直腹、较直腹、斜直腹等等，再如鼓腹的造型可以衍生成大鼓腹、小鼓腹、圆鼓腹、瓜棱性鼓腹、弧鼓腹等等，由此可见，许多腹部造型都具有相当强的衍生性，整个绞胎、三彩器皿的腹部造型显然是随着衍生造型的不断发展而发展，形成了一个非常庞大的腹部造型群。从交叉融合性上看，中国古代绞胎、三彩在腹部特征上实现了相互交融，如浅腹和弧腹就经常交融在一起形成浅弧腹，同样深弧腹的造型也是这样“你中有我，我中有你”（图5-36），由此可见，整个中国古代绞胎及三彩器皿的腹部在种类上是集历史之大成，几乎历史上出现过的造型都尝试过了，非常的丰富。鉴定时应注意分辨。

▲图 5-35　鼓腹龙首三彩注　唐代

▲图 5-36　弧鼓腹三彩瓶（局部）　唐代

2、从数量上看，中国古代绞胎、三彩釉瓷器在腹部特征上差异性比较大，从遗址和墓葬出土的数量上来看，基本上是无序的，但是通过分类对比来看，我们可

▲图 5-37　鼓腹三彩罐　唐代

以得出这样几个结论，一是鼓腹的造型还是比较丰富，二是弧腹的造型也比较丰富，三是鼓腹和弧腹经常结合在一起形成弧鼓腹的造型，当然直腹、曲腹、敞腹、深腹、浅腹等在数量上也都有一定的量，不过与鼓腹和弧腹相比，显然都不占据主流地位（图 5-37）。另外，唐宋时期盛行的斗笠造型在三彩和绞胎瓷器当中很少见。这一点我们在鉴定时应注意分辨。

3、从形制上看，绞胎、三彩在形制特征上略显复杂，但是从形制特征上看本质特征是简洁，以视觉为判断的主要标准，如各种鼓腹的造型，如微鼓腹、小鼓腹等造型在形制上都非常的简单，很容易判断出来，显然是以视觉为主要支点，为一场视觉上的盛宴。但是从难度系数上看，绞胎及三彩在腹部造型上难度系数有时还是比较高，如三彩器皿腹部有鼓腹、曲腹、弧腹等造型，但是它的器形有的时候比较大，或者是比较小，而且胎体比较厚，所以制作起来比较困难，特别是瓶、执壶等造型，在造型上也是比较难以成型，但是绞胎及三彩器皿在成型上显然已经是非常成熟（图 5-38），几乎很少见到失败的作品，这其实是非常不容易的事情，因为绞胎三彩有一些是低温烧造而成，而低温烧造能够保持这种造型上水平的确是非同小可，但是从整体上来看，绞胎、三彩的造型主要是以简洁明快为显著特征，从时代和窑口上看也是这样，主要以唐代巩县窑生产的绞胎、三彩腹部特征为最好。但巩县窑所生产的时代非常短暂，以唐代为显著特征，五代、宋、辽金等时期也有见，但是这些器皿主要是以仿烧巩县窑的产品为主，在质量上略有下降。我们在鉴定时应注意分辨。

4、从器形上看，中国古代绞胎、三彩在器物造型上的特征比较明确，不同的三彩会选择不同的器物造型，像罐都是一些鼓腹的造型，水注、壶等多都是一些鼓腹的造型，由此可见，鼓腹的造型的确是十分常见。但有很多器物的腹部在造型上几乎是固定化的，如盒的腹部在造型上常见是直腹。当然还有些器物所能承载的腹部造型非常多，如碗的腹部就是这样，鼓腹、弧腹、曲腹、折腹等等各种各样的造型都有见，由此可见，绞胎、三彩在腹部造型特征上应该是既繁杂而又非常具有规律性的特征，十分明确（图 5-39），从时代和窑口上看也是这样，没有过于规律性的特征，我们在鉴定时应注意分辨。

▲图 5-38　大鼓腹三彩注　唐代

5、从功能上看，中国古代绞胎、三彩在功能特征上比较复杂，主要分为两种情况，第一是装饰与实用结合的功能。第二是以装饰功能为先导的功能。其实还有一些是纯粹没有实用性的功能。第一种情况以绞胎瓷器和三彩中的高温烧制的产品为主，这些产品就是实用绞胎、实用三彩，它既可以实用又可以作为装饰品，结合了实用与装饰的双重功能，这类器皿在唇部特征上也反映出这样一个事实，就是特别厚的唇部特征几乎不见，多是一些较厚的器皿，如碗适应于餐具的腹部造型。第二种功能主要低温烧造的绞胎、三彩的功能性特征，这类器物的腹部主要是参照实用器的造型，但是已经不用考虑实用的功能（图 5-40），主要还是以低温烧造为显著特征，因为真正意义上的唐三彩为下葬用的明器，在腹部特征上表现出了强烈的装饰性意味。我们在鉴定时应注意分辨。

▲图 5-39　鼓腹三彩执壶　唐代

▲图 5-40　微折腹三彩盒　唐代

第五节 底部

1、从种类上看，中国古代绞胎、三彩的底部在种类上从宏观上看比较单一，以平底为主，但是从微观上看，各种各样的平底造型都有见，主要以平底的衍生性造型为主，如平底微凸，平底微凹，高平底、矮平底、大平底、小平底等造型都有见（图 5-41），由此可见，绞胎及三彩在底部种类特征上主要以平底及其衍生性造型为主。鉴定时应注意分辨。

▲图 5-41　小平底三彩瓶　唐代

2、从数量上看，中国古代绞胎、三彩从底部造型的数量特征上看非常明确，显然是平底的造型比圜底的造型丰富，平底的造型十分常见，而圜底的造型多为偶见，平底的各种衍生性造型在数量特征上呈现出不均衡性，基本上以平衍的情况比较多，特别是低温烧造的绞胎、三彩釉的精致器皿，基本上底部都是平衍的（图 5-42），微凸、内凹的造型以实用绞胎和三彩为显著特征，这一点在鉴定时我们要注意分辨。

▲图 5-42　底部平衍三彩执壶　唐代

3、从形制上看，中国古代绞胎、三彩底部形制特征比较简单，以简洁为主，平底的造型从难度系数上看应该比较低，就是将底做的平衍就可以了，但是从具体的形制上看却又是很复杂的事情，如大平底和小平底的造型，虽然看起来较为直观，但是在使用的时候比较讲究，一般情况下唐宋时期的三彩主要以大平底为主，小平底的造型少见，这与盛唐时期人们追求丰满的心理是一致的。另外，就是平底微凹、微凸的形制，看上去比较简单，实际上非常的复杂，作为一般的用器来讲平底微凹和微凸显然是正常的现象（图 5-43），但是作为绞胎、三彩这样的艺术品，之所以微凹或者是微凸显然都是有意识的，目的就是为了取意装饰的需要，如凸出的部分常常是中部凸起，而且有的时候常常以乳突的造型出现，这无形之中就增加了其在形制特征上的复杂性，这一点我们在鉴定时应当注意分辨。但绞胎、三彩在形制特征上的这种复杂性显然是为其功能服务的。鉴定时应注意分辨。

▲图 5-43　平底微凹三彩碗标本　唐代

▲图 5-44　三彩釉标本　唐代

4、从器形上看，绞胎、三彩绞十分丰富，可以说几乎涉及了所有的造型，但主要以盛器为显著特征，常见的有碗、盘、碟、盏、枕等器皿。不同的底部造型会选择特有的器物造型，如大平底的造型，常常会选择盒、碗、盘等造型，圜底的造型常常会选择香炉等一些器物造型（图 5-44），总之不同的底部会选择不同的器物造型来作为载体。鉴定时应注意分辨。

5、从功能上看，中国古代绞胎、三彩的器皿在功能特征上十分明确，主要是以实用和装饰的结合为显著特征，还有就是专一装饰的功能，从实用和装饰结合的功能上看，对象主要是以高温烧造的绞胎瓷器为主要群体，那么它的功能主要是实用，同时也会兼具有装饰的功能，另外就是以装饰为主的专有功能，唐三彩和低温烧造的绞胎较为常见，低温烧造基本上是作为陈设用具，如绞胎碗本身主要用来盛放饭食等，但是如果出现低温釉，显然这一实用的功能就会大打折扣，而趋向于专有装饰的功能（图 5-45）。这一点我们在鉴定时应注意分辨；另外，从时代上看，绞胎及三彩在功能性特征上，除了唐高宗时期到安史之乱时期为专有装饰功能的时代外，其他历史时期基本上都是以实用与装饰的结合为显著特征，鉴定时我们应注意分辨。

▲图 5-45　无实用功能的三彩釉标本　唐代

第六节 足部

1、 从种类上看，中国古代绞胎、三彩在足部种类上比较复杂，以圈足、玉璧足、卧足、饼足、支足等等为显著特征，由此可见，中国古代绞胎、三彩在足部种类上比较丰富，不过这些足部造型显然是宏观上的，可以说都是一些基本的造型。而微观的造型比较少见，主要是通过衍生造型来表现，如圈足可以衍生出数十种圈足的造型，如小圈足、高圈足、矮圈足、窄圈足、宽圈足、瓜棱性圈足、喇叭形圈足等等（图5-46），当然其他的基本足部造型几乎都可以出一些衍生性造型，只不过可能不像圈足那样丰富，由此可见，中国古代绞胎、三彩器皿的足部造型是异常的丰富，犹如星河灿烂。鉴定时应注意分辨。

▲图 5-46　喇叭形高足三彩盂　唐代

▲图 5-47　喇叭形圈足三彩瓶　唐代

2、 从数量上看，中国古代绞胎、三彩足部特征在数量上特征明确，主要是以圈足的数量为最多，其他的足部特征在数量上实际都非常少，由此可见，中国古代绞胎三彩在数量上显然是一个以圈足为主的时代，各种各样的圈足都有见。从时代上看绞胎、三彩足部造型在时代特征上不是很明显（图5-47），唐、宋、金、元时期虽然在数量上比较少，但还是时常有见。鉴定时应注意分辨。

3、从形制上看，中国古代绞胎、三彩的足部造型在形制上特征较为明确，以简洁明快为主，饼足就是像烧饼一样的圆饼形；支足一般是三个或者四个支足，非常的直观和形象；圈足的各种造型也是比较直观，如矮圈足、高圈足、宽圈足和窄圈足等，都是可以通过视觉直觉观察出来，而且发现足部在形制特征上有相互打破的情况，如圈足的衍生性造型，有很多圈足实际上必须有两个以上的圈足造型才能构成，如宽圈足的造型一般情况下都是高而宽的圈足，矮圈足同时也伴随着较窄的圈足，只有这样的造型才能称之为完整的圈足（图 5-48），鉴定时应注意分辨。从时代上看，绞胎、三彩在足部造型没有过于鲜明的特征，这一点十分明确，就是在形制特征上显现出的是少见的均衡性特征。鉴定时应注意分辨。

4、从器形上看，中国绞胎、三彩不同的足部会选择相应的器物造型，这一点是显而易见的，如支足的造型多选择的是三彩炉，选择碗、盘等造型的可能性几乎为零，而高圈足、矮圈足等则主要选择的是碗、盘、碟、执壶等的造型。另外，就是不同的器物造型之间所能吸纳的足部造型不同，如炉基本上就是以支足为显著特征，这就是限定性的特征，而碗的足部造型就可以选择几十种，几乎所有的圈足都

▲图 5-48　矮圈足三彩盒　唐代

可能成为碗的足部，由此可见，碗的足部造型的选择是比较强的。从窑口上看，中国古代绞胎、三彩在足部造型的选择具有均衡化的特征，没有过于规律性的特征。鉴定时应注意分辨。

▲图 5-49　实用与装饰功能结合饼足实用三彩执壶　唐代

5、从功能上看，中国古代绞胎、三彩足部特征在功能上比较明确，主要可以分为两种：一种是实用与装饰结合的功能（图 5-49），另一种是专有装饰的功能，这两种功能在专有装饰功能的前提下基本相似，实际上从足部造型上看这两种圈足区分并不明显，就是圈足或其他的足部造型看起来都像是借鉴于诸多实用器皿的造型，但是它们相异之处在于高温和低温釉烧造上的不同，高温烧造的绞胎及三彩釉足部造型在功能上主要是向实用和装饰结合的方向发展，在细节上会显示一些特征，如足壁较薄，胎体不是特别厚重，还有就是讲究一些成本。专有装饰的功能主要是以低温烧造的器皿为显著特征，这样的器皿在釉质上可以说达到了相当鲜丽的程度，而且在足部特征上也表现出向装饰化发展的趋势，如足部造型比实用器皿要夸张一些，厚度要大一些，目的还是为了装饰的需要，一切为了美感的需要；从时代上看，装饰性的器皿主要以明器三彩为显著特征（图 5-50），从唐高宗时期一直到唐玄宗安史之乱这一历史时期之内一直有见，其他历史时期生产的三彩器皿，足部特征在纯装饰性的功能上表现得并不是那么明显。鉴定时应注意分辨。

▲图 5-50　明器三彩注　唐代

第六章 价值判断与收藏保养

背景信息：中国古代绞胎、三彩釉器皿历经千年之久，从唐代创烧成功，直至宋金元时期仍有烧造，烧造史长达数百年时间，其鼎盛时期与中国封建社会的鼎盛时期恰为一致，为大唐盛世的象征，其精湛的技艺、高超的工艺水平，都为历代留下了极为深刻的印象。中国古代绞胎、三彩釉器皿无疑具有较高的价值，总结其价值主要分为三种价值，既研究价值、艺术价值、经济价值（图6-1）。这三方面的价值互为依托，相互支撑，密不可分。鉴定时应注意分辨。

▲图 6-1　三彩盒　唐代

鉴定要点：

研究价值

中国古代绞胎、三彩无疑具有较高的研究价值，因为这些器皿蕴含了太多不同历史时期的大量的信息，我们通过对这些器皿之上信息的剥离，可以了解到当时社会的政治、经济、文化等等各方面的信息，由于绞胎、三彩釉瓷器在唐代、宋金元时期都是一些较为高级的艺术品，特别是唐代著名的唐三彩，是盛唐物质文化发展到最顶峰的作品，人们物质文化极大丰富，路不拾遗，已经没有物质文化这方面的诉求，而主要转向精神层面，唐三彩在此时应运而生，通过极致的造型、极致的釉色，带领人们进入一种更高层次的精神状态，追求纯粹、追求美好的生活，以致于在现实社会当中不舍得去使用它，而主要用来随葬在墓葬当中祈福人们在另外一个世界当中生活的更加美好，以及得到真、善、美的启迪，那么这样一种器皿，特别是三彩在当时社会流行阶层主要是上层社会，不是一般的人可以使用的，如三彩在唐代有着严格的随葬制度（图 6-2），通常需要达到级别以上的才可以随葬三彩，随葬的数量也是不同，因此三彩是大唐盛世的象征性的器皿，同时我们通过它复原当时社会的很多精神层面的信息，这对于我们现在社会来讲是非常具有现实意义的，意味着我们当今社会的发展是建立在前代的基础之上的，以及我们现代文明是站在历史起点之上的前行，是一个延续的过程，而不是总是在原点起步。另外，对于唐三彩和绞胎的研究还可以帮助我们整理出许多三彩和绞胎瓷器的鉴定要点，可以帮助我们正确认识三彩和绞胎釉瓷器，如判定时代、辨别真伪、评定价值等内容（图 6-3）。总的来看对于绞胎、三彩的研究对于诸多学科都有重要的作用，如历史学、考古、文物学、人类学、博物馆学、材料学等等，因此绞胎及三彩釉器皿在研究价值上非常之高，鉴定时一定要注意分辨。

▲图 6-3　三彩枕　宋代

▲图 6-2　三彩动物俑　唐代

艺术价值

中国古代绞胎、三彩釉在艺术上的成就犹如星光璀璨，很难企及，因为绞胎及三彩的烧造技术在元代已经消失殆尽，直到今天我们仍然无法很好的复原出绞胎、三彩釉器皿，以及那令人神往的神韵。总之，中国古代绞胎、三彩所具有的艺术价值极高。下面就让我们来看一下：

1、造型

绞胎、三彩在艺术价值上的成就首先就是它的造型艺术，绞胎、三彩在造型上几乎可以说是无可挑剔（图 6-4），从技术角度来看，唐宋时期位于中国古代鼎盛时期，各种器物造型无论是复杂的、还是简洁的，都可以做到完美无缺，没有缺憾，绞胎、三彩就是这样作品的代表，那么绞胎及三彩釉在造型上的成就，不仅仅是体

▲图 6-4　造型隽永的三彩执壶　唐代

▲图 6-5 三彩瓷枕 宋代

现在技术之上，而多数是体现在它的功能之上，这一点非常明确，如我们可以将绞胎、三彩与上古时期的玉礼器和青铜做一个对比，在夏商周时期青铜器和玉礼器我们知道它都是国家政权的象征，有众多的奴隶在制作它，而且如果制作不好的话有可能丢弃性命，由此可见，这些器皿是由生命铸就，不计工本的制作，达到了最高的水平，但是绞胎、三彩与青铜礼器和玉器相比，在制作时有一个重要的变化，就是青铜礼器和玉器在造型上虽然达到了高超水平，但是它是被迫的，就是这些奴隶和工匠是被迫制作出这些精美绝伦的器皿，但是绞胎三彩的制作显然不是被迫的，而是盛唐时期的物质文化达到了相当高的水平之后，人们对于精神文化的一种释放，工匠们在制作时目的很明确就是知道产品的作用是什么，是给人们精神以慰藉，因此他们全身心的进行创作，这样看来他们的起点显然要比青铜器和玉礼器要高，因此在造型上所能达到任何完美的状态都是正常的，在这一点上我们要注意分辨。因此绞胎及三彩在造型上的成就非常的高（图 6-5），特别是鼎盛时期的三彩和巩县窑烧造的绞胎瓷器，在造型上几乎都是隽永之器，精美绝伦，美不胜收，鉴定时我们应该注意分辨。

2、釉质

我们知道中国古代绞胎、三彩器皿主要是以釉质取胜，这一点是无疑的，在釉质上绞胎、三彩取得了辉煌的成就，可以说绞胎三彩造型与釉质相比，主要还是以釉质来取胜，绞胎瓷器用白褐、粉红、棕等诸色彩相互糅合在一起（图 6-6），

▲图 6-6　绮丽的绞胎瓷枕釉质标本　唐代

拉坯成型，使胎体呈现出白褐相间的纹理，如木纹、行云流水、一些花卉，显然还是一种釉质的表现，因为它并不是真正意义上的纹饰，因此目的还是要将釉质的烧造达到鼎盛，显然绞胎瓷器达到了这一点。三彩更是达到了极致，除了没有红色以外，如蓝色、绿色、黄色、白色、褐色等各种色彩融合在一起，共同组成了精美绝伦的三彩釉器皿，给人们以最强烈的视觉震撼，叹为观止。而三彩和绞胎瓷器在釉质上的这种极致，目的显然不仅是要给人们一种视觉上的震撼，关键是要给人们一种美的启示，要通过这种色彩、一种美使人们感觉到生活的美好，这是绞胎及三彩釉在艺术上的境界，由此可见，绞胎及三彩在釉质艺术上达到了一个相当高的水平，历代都很难企及，直到现在这些釉质依然被艺术家所推崇。鉴定时应注意分辨。

经济价值

中国古代绞胎、三彩器皿本身并不存在经济价值（图 6-7），它的经济价值主要来源于研究价值和艺术价值，这一点显而易见，那么研究价值高的绞胎、三彩器皿经济价值自然也高，而研究价值低的经济价值显然也低，艺术价值也是这样，而研究价值和艺术价值都比较高的绞胎及三彩器皿，它的经济价值必然也高，在市场的表现比较活跃，一般情况下绞胎、三彩的器皿在研究和艺术价值上表现良好，因此三彩、绞胎器皿无疑具有很高的经济价值，具体我们来看一下：

1、品相

有的时候看到绞胎、三彩的研究价值和艺术价值都是很高，但是品相不太好，它的经济价值也不是很好（图 6-8），在拍卖时受到很大的影响，这也应了古玩界的一句行话“瓷器发毛，分文不值”，当然这句话对于这样名贵的瓷器来讲，可能言过其实，但的确有时会形成这种有价无市的情况，这一点我们在鉴定时应注意分辨。

▲图 6-7　绞胎瓷碗（三维复原图）唐代

▲图 6-8　品相略有问题三彩小动物俑　唐代

2、稀缺性

“物以稀为贵”是商品经济中的主要规律所在，绞胎及三彩器皿在这一点上自然也遵循着其基本的价值规律（图 6-9），从实际情况来看，绞胎及三彩器皿在数量上本身就比较少，所以一般情况下符合“物以稀为贵”这一原则，但是从实用三彩和明器三彩以及实用绞胎釉和非实用绞胎釉瓷

▲图 6-9　绞胎瓷罐　唐代

器之上看有一些区别,我们要明白一点,高温的三彩和绞胎釉瓷器基本上都是实用器，低温的绞胎及三彩釉瓷器多为明器，在精致程度上自然就是以低温釉为显著特征，特别对三彩来讲更是这样，而且明器三彩具体是从武则天时期到安史之乱这一时期内，三彩显然是大唐盛世的一种象征,最具有艺术和研究价值,那么它数量也最少，受到大唐三彩随葬制度的限制，多数随葬在大墓当中，如皇室的墓葬当中，还有就是皇帝身边的宠臣的墓葬当中，如唐代高力士的墓葬当中就随葬了许多三彩器皿，这些器皿数量是最少，它的价格最高，它的经济价值也最高，反之在价值上则是有限。

3、精致程度

中国古代绞胎、三彩从精致程度上看，基本上不太能够分出精致、普通、粗糙的区别，精致程度主要以三彩为显著特征（图 6-10），在盛唐时期的明器三彩精致程度通常都是比较高，几乎都是精美绝伦之器，那么对于安史之乱之后所出现的实用三彩，包括辽三彩和宋三彩在质量上有所下降，经济价值平平，因此最具有保值和升值功能的就是盛唐时期的三彩和绞胎瓷器，主要以巩县窑生产的绞胎瓷器为显著特征，这一点我们在鉴定时应注意分辨。

▲图 6-10　精美绝伦的三彩龙首柄瓶　唐代

▲图 6-11　绞胎碗瓷器标本　唐代

4、残件

中国古代绞胎、三彩器皿在漫长的历史长河中经历了太多的苦难，在数量上不是很多，这一点我们在鉴定时应注意分辨，但是在这些不是很多的器皿当中，残缺的数量还是占据多数（图6-11），残缺的程度不同，有的可能只有一点点小的口磕和足磕，这样的磕碰对于名贵的器皿影响不是很大，但即使这样的器皿依然是非常少，经济价值非常高，不过多数残件都是一些残片，碎得比较严重，这些片状的器皿对于今天来讲仍然具有很高的价值，不过与整器相比显然其经济价值要低得多，只是有一定的收藏价值，不过真伪非常难以辨认，现在有很多仿制的绞胎和三彩器皿，因为完整器皿不容易卖掉，因此把它摔碎，在市场上兜售碎片，因此在鉴定时应注意分辨。

收藏保养

当人们收藏到了心仪的绞胎、三彩器皿时，兴奋不溢于言表（图 6-12），也会时常拿出来把玩，或是长时间拿在手中，有的甚至就带在身上玩，实际上这是一种非常危险的现象，因为绞胎、三彩能够留存到今天已是不易，如果是完整器更是难得，它毕竟经历了千年之久啊。再者三彩和绞胎由于很多是低温釉烧造而成，所以它的胎釉结合并不是很牢靠，如果经常把玩移动，很有可能会使它的胎釉局部产生剥离，这样将会对整个绞胎及三彩的经济价值带来不可挽回的损失，一件价值连城的珍品立刻就变成了标本，不再具有收藏价值，这一点听起来像是天方夜谭，但是在现实生活当中这样的事故却是经常听到（图 6-13），因而对于收藏者来讲就是当你收藏到一件满意的瓷器之后，保养自然就成了最大的问题，下面我们具体来看一下：

▲图 6-12　三彩菱花枕　宋代

▲图 6-13　绞胎瓷枕　唐代

1、防止磕碰

对于绞胎、三彩而言磕碰是必须要注意的，比其他瓷器还要注意，因为绞胎及三彩釉器皿的釉面是低温烧造，非常容易受到磕碰而形成磕伤，一般情况下我们要少去触碰它，因为我们必须要认真地对待文物，像博物馆中对于文物的保护都是非常认真的，通常在没有预案的情况下，一年、两年、甚至十年都不会触动的文物很多，这样实际上是对它们最好的一种保护。但本书不是说不让收藏者去把玩它，因为把玩也是收藏的目的之一，但是要在有准备和预案的情况下去把玩它，通常应在桌子上铺上软布或棉垫，防止不慎滑落而造成口磕和足磕的现象。这一点我们在鉴定时应注意分辨。

2、注意清洗

人们在收藏到一件绞胎、三彩器皿时，由于绞胎及三彩上会有一些土蚀（图6-14），再者三彩是用于下葬的明器，所以一般情况下人们都会清洗它，但是在清洗的时候由于釉面很多是低温烧造，所以如果与水结合就非常容易受到伤害，因此绞胎、三彩的清洗是保养非常重要的一环，通常情况下不建议非专业人员进行清洗，因为即使放入无菌的纯净水中清洗也容易出现问题，所以还是请专业的修复人员进行处理；釉面之上的土蚀不要强行进行机械剔除，以免伤及釉面。由此可见，绞胎三彩在清洗上要求特别高，这一点我们在收藏时一定要注意到。

3、擦拭浮尘

绞胎及三彩的表面有浮尘是不可避免的，因为放一段时间后自然就会有浮尘（图6-15），对于这些浮尘通常不要用湿抹布去擦，以免伤及到釉面，而多用的是鸡毛掸子去弹一下就可以了，注意弹的时候要轻，最好是请专人管理。鉴定时应注意分辨。

▲图6-14　三彩小动物俑　唐代

4、相对温度

通常情况下绞胎、三彩对相对温度的要求不高，因为它的烧造温度起码是800摄氏度以上，但是对于我们现在来讲由于绞胎及三彩穿越了千年的时空，我们不知道它的内部结构、胎体是否会有裂缝，以及在当时是否就被修复过，这一点我们不太清楚，所以一般情况下保存的温度不要超过45度（图6-16），最高不能超过55度，因为一旦超过了这个温度，比如说一些修复过的胶水、热熔条等就会溶化，那么这将给器物的胎体造成损害，甚至会使器物有支离破碎的危险。鉴定时应注意分辨。

▲图6-15　三彩枕　宋代

▲图6-16　精美绝伦三彩枕　宋代

▲图 6-17　三彩枕　唐代

5、相对湿度

中国古代绞胎、三彩在相对湿度上应该控制 50% 左右，这一点是非常重要的，因为如果相对湿度控制得不好，或者过大、过小，对于绞胎、三彩器皿的影响是显而易见的，如湿度过大，有些水珠就会渗入到一些本已有伤的胎体之内，一旦在温度控制不好，冬季达到零度的情况下，那么显然这些水就会结冰，从而产生巨大的张力，将胎体破坏掉，使得胎体支离破碎，这一点我们在保养时一定要注意到。

关于绞胎及三彩的保养知识很多，过于专业的问题在这里就不再赘述，因为我们所讨论的问题极为现实，就是要使没有任何收藏保养经验的收藏者能够度过收藏保养的第一关（图 6-17），因此一些还没有定论、有争议的方法我们暂且不谈，那不是普通的收藏爱好者所需要深入研究的问题。总之使这些精美绝伦的绞胎、三彩器皿能够历久如新、继续穿越时空是我们共同的心愿。

主要参考文献：

1、江西省文物考古研究所、景德镇陶瓷历史博物馆：《景德镇湖田窑 H 区附属主干道发掘简报》，《文物》，1990 年第 4 期。

2、山东省文物考古研究所、龙口市博物馆:《山东龙口市阎家店遗址发掘简报》，《华夏考古》，2004 年第 3 期。